Zu guter Letzt

Lektorat: Dr. Werner Seibel
Umschlaggestaltung: Leena Plachetka
Druck: Schaltungsdienst Lange oHG, Berlin
ISBN 978-3-945441-44-2

Zu guter Letzt

Anthologie

EPLA-Verlag

Zu guter Letzt

Das ist sie nun: die letzte Anthologie im EPLA-Verlag.
Als ich im August 1985 den EPLA-Verlag ins Leben rief, ahnte ich nicht, welch eine Resonanz ich erfahren würde. Dieses ist das 244ste Buch, das in meinem Verlag erschienen ist, davon mit diesem Sammelband 55 Anthologien. Da steckt sehr viel Arbeit drin, ich konnte mich also nicht über Langeweile beklagen.
Ich habe den Verlag immer mit ganzem Herzen und vollem Einsatz geführt, war für viele Autorinnen und Autoren ein Hoffnungsträger und eine literarische Heimat. Viele liebe und interessante Menschen durften meine Frau, die in den Verlag sich mit eingab, und ich kennenlernen. Beeindruckende Persönlichkeiten bereicherten unser Leben. Dass der Literaturbetrieb nicht immer fair und gerecht ist, mussten auch wir erleben. Höhepunkte und so manche Enttäuschung wurden uns beschert. Oft mussten wir gegen die Ignoranz eingebildeter „Intellektueller" kämpfen, die der Meinung waren, aus einem kleinen Verlag kann nicht viel Gutes kommen. Dabei veröffentlichten wir so manches Kleinod, das in der Qualität um ein Vielfaches besser war, als so manches Produkt der hochgeschätzten und vielfach überschätzten großen, namhaften Verlage. Nach 34 Jahren Kampf im Literaturdschungel ist die Kraft nun aber aufgebraucht.
Mit diesem Buch hoffen wir, einen krönenden Abschluss geliefert zu haben.
Bei all unseren Autorinnen und Autoren sowie Kunden und Lesern unserer Produkte bedanken wir uns recht herzlich für die langjährige Treue.

Ihr
EPLA-Verlag
Erwin und Leena Plachetka

Inhalt

Der Club der lebenden Dichter

von Gabriele Böhning

Da saßen sie, hübsch aufgereiht an einem langen Tisch. (Wie bei einer Beerdigung.)
Mit sehr ernster, sehr wichtiger Miene eröffnete der Vorsitzende, ein hagerer Typ Marke Sensenmann, mit Tränensäcken unter den Augen, einem schmalen Strich, wo man den Mund vermutete, den er nun zum Reden aufklappte, die Veranstaltung. Ernsthafte Worte. Rührende Worte.
Eine Geschichte vom Gutmenschen, in der er zufällig eine nicht unerhebliche Rolle gespielt hatte.
Alles war würdig. Alles war ernst …
Die Zuhörer wagten zwar zu atmen, aber ein Lächeln stahl sich keinem von ihnen ins Gesicht.
Das hätte der Würde dieser so elitären Gruppe Abbruch getan.
Es handelte sich um einen Verein, besser gesagt einen Club: „Der Club der lebenden Dichter“, wie sie sich in freier Anlehnung an den Film nannten, der 1989 unter der Regie des australischen Regisseurs Peter Weir die Gemüter bewegte.
Es war zwar kein Geheimbund, wie etwa die Freimaurer, aber doch ein sehr abgeschotteter Verein, der Wert auf Ernst, Christlichkeit und Würde legte.
Von Zeit zu Zeit lud man dann doch einmal einen Außenstehenden ein, der vielleicht – was man dumpf ahnte – der latenten Verstaubtheit dieses überalterten literarischen Zirkels einen frischen Wind einhauchen könnte. Ab und zu verirrten sich frei denkende, progressive Köpfe in diesen illustren Kreis. Diese wurden jedoch offensichtlich so abgeschreckt, dass sie sich nie mehr blicken ließen.
„Club der lebenden Dichter“ - das hatten sie sich irgendwie anders vorgestellt. Etwas lebendiger vielleicht …
Das Thema Freude stand heute im Mittelpunkt. Reihum ging das Wort an jeden Einzelnen der zahlreich erschienenen Mitglieder. Alle jenseits der Siebzig. Geschichten wurden vorgetragen, wie sie das Leben schreibt. Jedoch schien es sich

durchweg um ereignislose Leben zu handeln. Ohne Höhen und Tiefen oder gar Abgründe. Wenn es denn je solche gegeben hätte, wurden sie sorgfältig ausgespart. Friede, Freude …

Ja, es war alles sehr freudig. Eifrig wurden die literarisch anspruchslosen Beiträge beklatscht, an wohlmeinendem Lob nicht gespart.

Eine relativ junge Frau mit ungeordneten aschblonden Locken, einem unruhig flackernden Blick in
ihren katzenhaft geschnittenen grünen Augen, sehr weiblich gekleidet, mit einem samtigen Pelz – Bolero, passender matt perlmutttglänzender Kette, die vielfach geschlungen ihren Hals zierte, rutschte nervös auf ihrem Stuhl hin und her. Sie war heute der Spezial – Gast, durfte aus ihrem neuesten Roman lesen: „Elvira – die Hexe“. Es handelte sich dabei inhaltlich um eine Familiensaga, deren Mitglieder heuchlerischer nicht hätten sein können – um Blut, Verrat, Sex, Mord und alle menschlichen Abgründe, die sich in einem langen Leben so auftun können.

Der Schreibstil war scharfsinnig, dicht, schonungslos und irritierend. Gute Literatur eben.

Die junge Frau, nennen wir sie einmal Gesine, hatte wie alle wirklich sensiblen, empathischen Menschen, zu denen die meisten Schreibenden gehören, ein Gespür für Schwingungen. Den mühsam ausgewählten Textteil, den sie mehrfach zu Hause laut gelesen hatte, um am Ausdruck zu arbeiten, verwarf sie blitzschnell.

Diese bigotte Truppe würde sie steinigen, soviel war klar.

Der vorgesehene Auszug handelte von „Madame“ und ihren Mädchen und einem geheimen Bordell
in einer höchst ehrenwerten Kleinstadt im Taunus, wobei „Madame“ eine hoch angesehene Ehefrau aus besten Kreisen war, die ihr Doppelleben auf´s Erfolgreichste gehütet hatte. Ihr an ihrer Seite emotional verhungernder und erfrierender Ehemann ahnte von all dem nichts.

Mit Gespür für die Situation hatte Gesine nun einen Part

ausgewählt, der vermeintlich unverfänglich, auch sicher vor diesem illustren Kreis Gnade fand. - Jedoch weit gefehlt: Ihr rasanter, in angemessenem Tempo vorgebrachter Vortrag, in dem es um die lebendige Unheimlichkeit eines Hauses ging, in dem offenbar finstere Geister hausten, stieß auf betretenes Schweigen. Eine alte Dame bemängelte das Tempo. Sie solle doch schön langsam lesen, damit man etwas verstehe. Dies war der einzige Kommentar und Applaus, wie bei allen anderen; das schenkte man sich vorsichtshalber. Dies geschah ebenfalls nach dem Gedichtvortrag einer befreundeten Dichterin Gesines. Die Verse waren zu kraftvoll, zu provokant und vor allem zu ehrlich. Es ging um das Thema Altern. Sehr delikat in einem solchen Kreis. Aber die „Leim- Reime", wie die satirischen Verse genannt wurden, behandelten ein lebendiges Altern, in dem Sex eine durchaus wichtige Rolle spielte – getragen von einer gewissen Melancholie. Junge aufregende Hexen, die sich in alte bucklige Weiber verwandeln, deren ehemalige Hexen-Existenz nur noch an der schwarzen Katze auf der Schulter festzumachen ist, davon will keine Frau etwas hören. Gerade, wenn ihre Situation eventuelle Parallelen aufweisen könnte. Da kehrt man doch lieber alles mit einem großen Hexenbesen unter den Teppich, anstatt darauf lüstern durch die Walpurgisnacht zu sausen …
Lustobjekt … Gestern und heute – und die sich ändernde Einstellung dazu im Verlaufe vieler Verluste eines langen Lebens – ebenfalls ein brisantes Thema der gnadenlosen Dichterin.
Dass sie missverstanden werden könnte, war ihr klar. Aber so missverstanden …
Das Wort Lustobjekt hatte offensichtlich eine Reizwirkung der besonderen Art auf einen Mitdichter. Nicht verknöchert, lustvoll, lebendig, mit vollen weißen Haaren, lang gelockt sein markantes Gesicht umspielend. Er fühlte sich zu einem Verbesserungs- oder Ergänzungsvorschlag zum Text aufgefordert: Ein kleines abgerissenes Zettelchen wanderte diskret zur Objekt-Dichterin.

„Ich bin gerne Lustobjekt“ wurde um die gleichberechtigte Zeile: „Ich nehm auch gerne, sag ich keck“ ergänzt. – Ein reger Zettelchenaustausch folgte. Wie in der Schule, zweite Klasse annodazumal.
Nur viel geistreicher. Diese lustvolle Parallelwelt nahmen die lebenden Dichter gar nicht wahr. Zu sehr waren sie beschäftigt mit den rührend, naiven Vorträgen zum Thema Freude.
Als dann auch noch lyrische Schmetterlinge flogen, wurde die ganze Sache wirklich lebendig.
„Der Club der lebenden Dichter“ hatte seinem Namen – ganz unbemerkt – an diesem Abend alle Ehre gemacht...

Das Frühlingshaus

von Sieglinde Seiler

Mit leuchtendem Grün und bunten Blumen
baut der Frühling Tag für Tag an seinem Haus.
Es duftet herrlich nach Blüten, Falter fliegen.
Das bunte Tor ist offen und sieht einladend aus.

Die Christrosen eröffneten zeitig den Reigen.
Gemütlichkeit strahlt der Löwenzahnteppich aus.
Für warme Helligkeit sorgt die Frühlingssonne
im zartgrünen und blumenbunten Frühlingshaus.

Das Haus besteht aus farbenreichen Wiesen,
auf denen Kuckuckslichtnelken und Gräser blüh'n.
Bienen schwirren um die zahlreichen Blüten,
während am blauen Himmel weiße Wolken zieh'n.

Die Vögel singen und bauen an ihren Nestern.
Sie schätzen später das schützende Blätterdach.
Der Wald duftet Ende April kräftig nach Bärlauch
und die Tiere, allen voran der Kuckuck, sind wach.

Immer mehr Blumen sind kräftig am Stäuben,
von der Frühlingssonne gewärmt, die hell scheint.
Ab und zu freut sich die Frühlingsnatur darüber,
wenn sich der blaue Himmel verdunkelt und weint.

Einfarbig
von Torsten Krippner

Da der Berg sich spiegelt
Auf der kalten See
Ist es das Weiß der Blüten
Oder gleißt der Schnee?

Das Schilf am Ufer wiegt
Wo Reif auf Blüten liegt
Wo liegt der Reif
Wo blühen Rispen?

Bö der Wolkenfetzen
Treibt Gedanken Pfaden
Blasser Ruf der Gänse
Hinter Nebelschwaden.

Das Seiende fließt ineinander, ohne sich zu einer Substanz zu verschmelzen.

Der Schriftführer

von Udo Dickenberger

Nehme ich meine Bratpfanne in die Hand, um mir ein bescheidenes Mittagsmahl zu bereiten, so beginne ich unweigerlich zu weinen. Gedanken an alte, längst verjährte Geschichten stellen sich dann ein. Ich will mitteilen, was sich zugetragen hat, denn es scheint mir des Berichtens wert. Nur wenige Menschen wissen, dass früher Originale unter uns lebten, wie sie heute nicht mehr aufkommen können.

Vor vielen Jahren besuchte ich an einem feuchtkalten Novemberabend die Sitzung des Vereinsrings meiner Heimatgemeinde. Bevor nach seinem vierzigjährigen ehrenamtlichen Einsatz der Protokollant der Arbeitsgemeinschaft der Vereine von deren Vorsitzendem verabschiedet wurde, musste der Protokollant die freiwilligen Beiträge für das bescheidene gemeinsame Abschiedsgeschenk, das er erhalten sollte, selber mühsam bei den Vertretern der Vereine zusammenbetteln und sogar noch die entsprechenden Quittungen ausstellen.

Etwas so Erbärmliches hatte ich noch nie vorher gesehen. Niemand hatte die Verabschiedung des alten Protokollführers bedacht und vorbereitet. Der gesamte Vorstand des Ortskartells war hier offenbar nur mit sich selbst beschäftigt. Meine Sitznachbarin, die Repräsentantin des Landfrauenvereins, die stets über die Vorgänge im Ort unterrichtet ist, flüsterte mir zu, der neugebackene Altschriftführer habe sein Ehrenamt, auf das er stolz sei und das zu einem guten Teil seinen Lebensinhalt ausmache, überhaupt noch nicht ernsthaft niederlegen wollen, sondern sei von seinem sogenannten Rücktritt selber überrascht worden.

Er wollte ja noch längst nicht aufhören, zischelte die Landfrau. Der Vorsitzende habe ihn loswerden wollen, weil der opferbereite und uneigennützige Protokollschreiber seit Jahrzehnten in der Gemeinde weit angesehener sei als der eigensinnige Präsident, der, wie jeder im Ort wisse, vor Geltungsstreben und Selbstgewissheit nur so strotze. Die gut informierte

Vertreterin des Turnvereins beugte sich über uns und wisperte, vor einem Vierteljahr habe der alte Protokollant das Geschenk zur Goldenen Hochzeit des Vorsitzenden der Vereinsarbeitsgemeinschaft aus seiner eigenen Kasse gekauft und es dem Jubiläumspaar überreicht, weil kein anderes Mitglied des sogenannten Vereinsrings an diesen wichtigen Termin gedacht hatte. Der kreuzbiedere Protokollant habe damals die Beiträge, welche die Vereine hätten entrichten müssen, großmütig seiner privaten, für persönliche Notfälle vorgesehenen Schatulle entnommen und sie also vorgeschossen. Wahrscheinlich habe er die Spenden der einzelnen Vereine bei diesen in seiner Selbstvergessenheit und Demut noch bis zum heutigen Tage nicht einkassiert, ergänzte von rechts der brummbärige und braunbärtige, am Oberarm bandagierte Delegierte der evangelischen Kirchengemeinde, legte seine hohe Stirn in Falten und schüttelte sein graues Haupt im Sinne des Reformators und gerade so, als wolle er diesem eine verspätete, doch ehrliche Reverenz erweisen.
Als ich dies hörte und den alten Protokollanten vor mir sah, begann ich still zu weinen. Unsere Blicke trafen sich. Ich bemerkte, dass Tränen aus seinen Augenwinkeln in den weißen Bart rannen und auf den Tisch tropften, sich sammelten und von der Tischkante, die eine Traufe bildete, auf den Boden troffen. Er wischte die auf dem Tisch verbleibende Pfütze mit dem Bierdeckel weg und zitterte dabei wehmütig. Die Menschen taugen heute nichts mehr, murmelte ich und nickte ihm still und bestätigend zu. Er schaute jetzt über alle Anwesenden hinweg auf die verstaubten Pokale in der Vitrine an der Wand. Es war deutlich zu erkennen, dass er in dieser Welt von den Menschen keinen Trost mehr erwartete.
Der Vorsitzende des Vereinsrings bestellte sich erneut ein großes dunkles Bier und einen grüngelb schimmernden Kräuterlikör. Er grunzte selbstgefällig, genießerisch und weltläufig. Dann versprach er dem zu verabschiedenden Protokollführer einen Verzehrgutschein, der von den gesammelten Spenden der Vereine erworben werden sollte und der

dann in der Bürgerhausgaststätte eingelöst werden konnte. Mit diesem großzügig bemessenen Bon könne er dann ja gleich mehrmals hintereinander essen gehen, murmelte der greise Protokollant mit gebrochener Stimme. Jeder von uns bemerkte, dass er dies nur sagte, um die peinliche Stille im Raum zu unterbrechen. Winzige Tröpfchen trieften aus seiner Nase.
Obwohl der Vorsitzende des Ortskartells zu Beginn der Sitzung behauptet hatte, er habe im Vorfeld der Zusammenkunft keinen Nachfolger für den ausscheidenden Schriftführer finden können, meldeten sich umgehend zwei sehr gut geeignete Nachfolger, die für einen Generationenwechsel in dem eminent überalterten Vorstand des Ortskartells sorgen wollten. Der Vorsitzende erläuterte den beiden Einsteigern die schwierigen Aufgaben, die ihr neues Ehrenamt mit sich bringen würde, stellte diese Betätigungsfelder aber erheblich komplizierter dar als sie tatsächlich waren. Er winkte großspurig und voller Geltungssucht die rothaarige, in nicht allzu geschmackvoller Weise grünlich geschminkte Thekenassistentin herbei, um ein neues Bier und einen Schnaps namens Vogelbeeren-Geist für sich in Auftrag zu geben. Oder einfach Vogelbeer-Geist. Vielleicht hieß das Getränk aber auch Vogelsberg-Geist, ich habe den undeutlich artikulierenden Vorsitzenden wieder einmal nicht deutlich verstanden und ich kenne mich, obwohl ich mich als Geisteswissenschaftler verstehe, bei den Spirituosen nicht besonders gut aus. Auf meine spätere Rückfrage bei der schlecht ausgebildeten und entsprechend schnippischen Thekenhelferin erfuhr ich lediglich, das Getränk habe 40 Umdrehungen, was immer das heißen mag.
Später stand ich mit dem abgedankten Protokollführer vor der Tür des Bürgerhauses. Wir nahmen Schnupftabak zu uns und sprachen über den Ablauf und die Ereignisse des Abends. Aber das mache doch nichts, beschwichtigte der Greis, und Dank habe er niemals erwartet. Dies alles schere ihn nicht. Ich beruhigte ihn und wusste genau, dass er diesmal nicht die Wahrheit sagte. Freilich hatte er eine Andeutung von Anerkennung erwartet. Dieser Mann hatte hoffen dürfen, in einer

würdigen Weise aus seinem Amt verabschiedet zu werden. Ganz gewiss hatte der ehrwürdige Greis auf Zuspruch gewartet. Ein einsamer Igel scharrte im Laub. Der Honorarprotokollant verschwand im Saal, doch gleich darauf trat der Zeugwart des Tischtennisclubs zu mir und bot mir eine Kleinzigarre mit Vanille-Geschmack an. Der da oben weiß, wer sich für uns aufgeopfert hat, sagte der Zeugwart und wies auf den sich halb hinter hingetupften Kumuluswolken versteckenden Neumond, der bereits im Untergehen begriffen war. Der Gehörnte da oben hat genau gesehen, wer bald ein halbes Jahrhundert lang bei Wind und Wetter in unseren schmutzigen Gassen unterwegs war, um uns die meistens ganz unsinnigen Mitteilungen des Ortskartellvorstands in die Kästen zu werfen. Ich stimmte dem Zeugwart zu, hieb ihm auf die Schulter und ging mehr oder weniger aufgewühlt davon. Beschauliche Gedanken begleiteten mich in die Nacht. An den darauffolgenden Tagen sann ich auf meinen Wegen am Ufer des Flusses oft über den Undank, die Selbstsucht und den Eigensinn der Menschen nach. Wahrscheinlich machte sich jeder, der an der fragwürdigen Ortskartellsitzung teilgenommen hatte, solche Gedanken. Was diese Überlegungen aber jetzt, wo es zu spät war, noch nutzen konnten, werden sich auch die übrigen Teilnehmer gefragt haben. Zwei oder drei frostige Wochen gingen ins Land.

An der Jahresabschlussfeier des Radsportvereins nahm dann auch der entlassene Protokollführer teil. Er gehört dem Radlerverein zwar nicht an, unterstützt ihn jedoch bei dessen Radtouristikveranstaltungen, indem er die Anmeldungen der Fahrer entgegennimmt und später die zu vergebenden Punkte ermittelt, und wird deshalb zu den Weihnachtsfeiern und den Grillnachmittagen der Radsportler stets eingeladen. Bei jeder dieser Veranstaltungen ist er ein gern gesehener Gast. Wohin er auch kam, er wurde geachtet, geschätzt und geliebt, könnte man sagen, wenn man eine Grabschrift oder einen Nachruf oder eine Todesanzeige verfassen oder eine Leichenpredigt halten müsste, aber so weit sind wir noch nicht. Ob er verehrt

wurde, weiß ich nicht. Ich selber bin immer gut mit ihm ausgekommen, aber auch er hatte seine Ecken und Kanten. Er unterbrach die Leute, er schrie sie oft unbeherrscht an. Er konnte sich nicht benehmen, hatte wie alle, die im unteren Teil des Dorfes aufgewachsen sind, erschreckend schlechte Umgangsformen. Aber wenn einem Menschen Charakter und ein gutes Wesen eignen, dann haben derlei Schwächen nicht viel zu sagen. Ausgerechnet Tafelspitz mit Salzkartoffeln und gedünsteten Kapern, Wirsing und Meerrettichsauce gebe es heute Abend zu essen, murmelte der verabschiedete Schreiber, ausgerechnet Tafelspitz. Auf meine Frage, wie er das denn meine und was er an dem Meerrettich und dem Wirsing auszusetzen habe, giftete er, wir säßen hier am Vorabend wichtiger österreichischer Wahlen zusammen und der Alpenländer verzehre bekanntlich in einem fort Tafelspitz. Der wisse es nicht besser. Ausgerechnet Tafelspitz, was für ein seltsamer Zufall, grunzte der Alte. Was für ein Unsinn. Da stecke vermutlich eine Absicht dahinter, ein System, eine Intrige, knurrte er besserwisserisch. Ich gab ihm Recht, obwohl mir nicht völlig bewusst war, wovon er sprach.
Die Obstler-Flasche voller Marillen-Likör, die er den Kameraden der Alters- und Ehrenabteilung der Freiwilligen Feuerwehr für ihren Dämmerschoppen im Gerätehaus gespendet habe, gelte dort als unverkäuflich oder auch unversäuflich, nuschelte der Altprotokollant. Ich stimmte ihm zu und stellte fest, dass er selber an diesem Abend noch beinahe keine Spirituosen zu sich genommen hatte. Ich beobachtete jedoch, dass der seines Amtes beraubte Protokollführer ein Gebäckstück nach dem anderen verzehrte. Während er noch an dem einen Spekulatiusstück kaute, griff er bereits gierig und unaufmerksam nach dem nächsten. Gegen Ende der Jahresabschlussfeier teilte eine der bezaubernden jungen Einrad-Fahrerinnen, die zum Unterhaltungsprogramm des Abends so glücklich beigetragen hatten, die wertvollen Tombola-Gewinne aus. Ich selber hatte in den vergangenen Jahren nacheinander verschiedene bescheidene Dekorationsartikel, eine

praktische Taschennähmaschine, die einem unterwegs auf Reisen sehr gut helfen kann, etliche Gläser voller eingemachter Gewürzgurken, dreizehn oder vierzehn Weißblechdosen, angefüllt mit eingekochtem lang haltbarem Rot- oder Sauerkraut, sowie sieben oder acht Packungen Bohnenkaffee gewonnen.

Ich war mit dem hübschen schwarzbraunen Tee-Stövchen, das mir das bezaubernde Mädchen, welches die strohblonden Haare zu einem schrägovalen, beinahe elliptischen Dutt zusammengeschnürt hatte, der ihm entzückend stand und das liebliche Gesicht in eine höhere Sphäre zu heben schien, an diesem Abend überreichte, sehr zufrieden und freute mich entsprechend. Doch es kam jetzt noch viel besser. Denn der Hauptgewinn der Feier ging an den unterdrückten Ortskartellschriftführer. Wir alle waren deshalb sehr froh. Er gewann einen siebenteiligen bruchsicheren Pfannensatz. Die Deckel waren aus gehärtetem und beidseitig beschichtetem Glas und gehörten dazu. Wir alle waren angetan davon, dass wir in dieser Weise die Anmut der Adventszeit erleben durften. Wir sahen ein, dass es noch eine Gerechtigkeit in der Welt gibt, und sagten dies laut. Der Anstand war offensichtlich noch nicht ganz aus ihr verschwunden. Wir erkannten, dass die Vorsehung noch lebte. Wir betrachteten den still schluchzenden Greis, unseren Seniorschriftführer, reichten einander die Hände und schauten gerührt zur Decke des Bürgerhaussaals empor. Es war so, als täten sich da oben die Himmel auf und wir alle würden, während ätherische Musik eines in der Ferne aufspielenden Kammerorchesters erklang und elfenhafte Wesen dazu tanzten, verbindlich aufgefordert, ohne weitere protokollarische Verpflichtungen dort oben augenblicks einzutreten und uns für immerdar einzurichten.

So weit war es aber noch nicht. Ich konstatierte froh, dass auch die junge Einrad-Fahrerin sofort begriffen hatte, was hier vor sich ging. Sie sagte, wenn der verabschiedete Altprotokollant die Bratpfannen nicht gewonnen hätte und stattdessen ihr selber der Hauptgewinn zugefallen wäre, so würde sie ihm unverzüglich ihren frisch errungenen Pfannensatz ohne Zaudern und Zögern überreicht haben. Es sei ja von Anfang an ganz klar zu erkennen gewesen, wie sein Herz an den Pfannen hänge. Da sprichst du Recht und bist ein gutes Kind, sagte der Vizevorsitzende des Kleintierzuchtvereins in einer im Grunde fast schon eine Nuance zu großväterlichen Weise zu ihr, und wir alle stimmten ihm heiter nickend zu. Von Frohgemut und von neuer Zuversicht erfüllt, stapfte jeder von uns in die klirrende Kälte und in die undeutliche Nacht hinaus. Im hohen Alter erkenne ich, dass ich damals gewiss um die kunstsinnige Einrad-Fahrerin hätte freien sollen, aber dafür ist es jetzt wahrscheinlich längst zu spät. Alles wäre dann ganz anders gekommen, alles. Alleine und unverstanden bringe ich meinen Lebensabend voran und keiner weiß, wohin es führen wird. Genug, damals war ein jeder froh, dass er zur Jahresabschlussfeier gekommen war und er zuhause etwas zu erzählen hatte. Wäre damals einer von uns auf dem Heimweg in den Schnee gefallen, denke ich heute, so würde sofort ein beschaulich und elegant gekleideter Engel freundlich grüßend erschienen sein, um ihm unter die Arme zu fassen und ihn unverzüglich aufzuheben.

Seither sind viele Jahre vergangen. Ich habe die Dichter gelesen, habe die Philosophen studiert und habe bedeutende Kunstwerke betrachtet und spätromantische Musikstücke angehört. Ich kann von mir sagen, in der Welt herumgekommen zu sein. Manchmal frage ich mich, ob der gutherzige Protokollant und sein Gegenspieler, der garstige Vorsitzende, noch leben, ob das heruntergekommene Bürgerhaus noch steht und ob das halbverrottete Ortskartell in seiner altbewährten, jedoch erkennbar obsoleten Form sich wohl wird haben halten können. Jedes Mal, wenn ich eine Pfanne in die Hand nehme, um fünf mittelgroße Salzkartoffeln der Sorte Sandra Sabrina mit drei Eiern von bodengehaltenen Orpington-Hühnern und sieben Putenschinkenscheibchen samt vier Prisen Salz und einer Prise Pfeffer neunzehn Minuten lang bei größtmöglicher Hitze in Olivenöl zu braten, erinnere ich mich an den zauberhaften Adventsabend und an meinen Kameraden, den Honorarprotokollanten. Ich schneide die Zwiebeln, ich denke über den getreuen Schriftführer und die liebreiche Einrad-Fahrerin nach und ich beginne dann lauthals zu weinen. Manchmal scheine ich im Schlaf über die Bratpfannen und die Dekorationsartikel nachzusinnen. Dann wache ich auf, zitternd und in Tränen gebadet. Die Protokolle, murmele ich aufschluchzend und aufschlussreich, die Protokolle. Ich denke dann an den Dutt, denke an diesen strohblonden Dutt, diesen entzückenden Dutt.

Die Frühlingssehnsucht treibt Blüten

von Sieglinde Seiler

Die Frühlingssehnsucht treibt ihre Blüten.
Sie sehnt sich nach des Frühlings Gunst,
dass er nach der eisigkalten Winterstarre
mit bunten Blüten ausdrückt seine Kunst.

Sie erträumt sich eine grüne Landschaft,
hört morgens dem Vogelgezwitscher zu,
freut sich daran, dass ein Bach gluckert,
nach der langen und frostigen Winterruh`.

Sie geht über blühende Wiesen spazieren,
wo sie den allerersten Zitronenfalter sieht,
um Kirschbäume fleißige Bienen summen
und ein Bussard in den Lüften Kreise zieht.

Sie setzt sich draußen das allererste Mal
auf die alte moosbewachsene Gartenbank
und träumt in der warmen Frühlingssonne
schon jetzt und später einen Frühling lang.

Sommerwind
von Renate Düpmann

Ach könnte ich ihn doch fangen,
den Streichler meiner Wangen,
den Tänzer in meinen Haaren,
den Träger meiner Träume,
der in den Wipfeln der Bäume
manch Geheimnisvolles säuselt.
Ach, könnte ich ihn doch fangen,
den schmeichelnden Begleiter,
der nach dem kalten Winter
den Reichtum der Natur umhüllt.
Ich würde ihn stets gut verwahren,
damit auch an den kalten Tagen
er mir die Welt mit Wärme füllt.

Der tägliche Kram
von Sonja Stokowy-Deutsch

Aufstehen - Jalousie hoch - Sauwetter! Regen mit Schnee gemischt. - Fenster auf - auch noch kalt dabei - Fenster wieder zu. Meine armen Vögelchen! Das Häuschen auf dem Balkon ist total eingeschneit. Schnell noch mal unter die Kuscheldecke. Ääh, da bin ich mit dem Zehennagel an der Bettdecke hängen geblieben. Also raus aus den Federn und ins Bad. Nagelecke abschneiden. - Gott, was für hässliche Füße.- Ich lange nach der Nagelschere, die griffbereit an der Wand hängt und prompt fällt sie hinter die Waschmaschine. Die muss ich eine Kurzarmlänge vorziehen, mehr Platz ist nicht. Darunter Staubflusen von Jahrhunderten und irgendwelche Krümel. Nur keine Nagelschere. Wo ist sie geblieben? - Also Handfeger und Schippe holen. Das Telefon klingelt.
„Verzeihung, falsch gewählt."
Alles wird aufgefegt und mit feuchtem Küchenkrepp gewischt. Große Eimeraktionen mit Putzlappen lohnen nicht für die Ecke. Und da ist ja auch das blanke Ding, senkrecht an die Kachelwand gelehnt. Waschmaschine vorsichtig wieder zurückschieben. Die Schläuche dürfen nicht abknicken. Den einen muss ich geschickt während des Schiebens auf den kürzeren fallen lassen. Damit er Halt hat und nicht auf dem Fußboden herumwimmelt. Alles steht wieder an Ort und Stelle. Aber ich bin weder gewaschen noch geschminkt. Das Telefon klingelt.
Die selbe Stimme. „Verzeihung, nochmals."
„Welche Nummer wollen Sie denn?"
„Die vom Schwimmbad."
„Moment, ich geb sie Ihnen." Große Dankbarkeit.
Meine kultischen Handlungen im Bad werde ich jetzt nicht verbreiten. Ein bisschen Intimität muss sein.
Küche: Wasser aufsetzen für Kaffee. Kaffeedose ist fast leer.

Aufschreiben in Einkaufsliste. Und Milch auch. Hab ich noch Brot? Eingefrorenes. - Raus damit. Butter und Omega 3 reichen noch. Und was brauche ich außerdem? Allerhand! - Erstmal Frühstücken. Set auf den Küchentisch. Messer, Honig, auch fast leer. Aufschreiben. Meine Serviette dazulegen. Zwischendurch das Restbaquettescheibchen von gestern verschlingen. Die anderen Servietten in die Wäsche. Meine Hausgäste sind abgereist. - Orangen und die Restzitrone vom Fisch ausquetschen. Schön, dass es elektrische Entsafter gibt. Danke dir, meine liebe West-Cousine. Das Telefon klingelt. Wenn die selbe Stimme wieder dran ist, dann nehme ich die Trillerpfeife, drohe ich in Gedanken.

„Ich habe meinen Rasierapparat bei euch liegengelassen. Und Gerlint ihr zweites Handy", klagt die freundliche Stimme meines abgereisten Gastes.

„In meinem Bad ist aber nichts Fremdes liegengeblieben."

„Er ist ja auch in eurem Gästezimmer, gleich hinter dem Klavier."

Ich wusste gar nichts von einer Steckdose hinter dem Klavier! Tatsächlich, die beiden Akkus sind bis an den Eichstrich geladen.

„Kannst du ihn mir bitte nachschicken, ich hänge so an ihm."

Interessant, Männer hängen an Dingen und lassen sie in fremden Dosen zurück.

„Wolltet ihr nicht nächstes Jahr wiederkommen", frage ich hinterlistig.

„Oh, bitte, bitte, schick ihn mir. Blumen für dich sind schon unterwegs."

„Und Gerlints Handy? Soll ich das erst leer telefonieren?" Wir müssen beide lachen

„Wir haben euch ganz schön ausgebeutet, was? Wenn du im Sommer zu uns kommst, dann kannst du dich mit euren Handys revanchieren", verspricht er.

„Gut, und meinen Autostaubsauger bringe ich auch mit."
Großes Gelächter. Weiter in der Küche.
Schnell zwischendurch die Restpumpernickelscheiben von gestern Abend verschluckt und dabei Nachrichten hören. Dieses ewige Elend auf der Welt. Manchmal kann ich es nicht mehr aushalten. Wie andere sich die Zerstörungen des Tsunami auch noch im Fernsehen angucken können, ist mir ein Rätsel.
Rasierapparat und Handy verpacken. Ein Glück, dass ich so manche kleinere Pappschachtel aufgehoben habe. Das Telefon klingelt.
Er wird doch nicht noch etwas Zuladendes vergessen haben? In das Päckchen passt nichts mehr rein.
Nein, oh Freude, es ist die geliebte Arbeit.
„Kannst du gleich und auf der Stelle kommen, bitte?"
„Ist jemand krank geworden?"
„Nein, sorry, ich habe vergessen, dich anzurufen, gestern Abend."
„Halbe Stunde Anfahrt reicht?"
„Dicke. Ich danke dir ganz doll. Du rettest mir das Leben."
„Ist doch Ehrensache."
Wenn jemand etwas vergisst und es auch zugeben kann, da muss man einfach helfen.
Nach ca. vier Stunden bin ich wieder zu Hause und außerdem um die Information reicher, von der zu erwartenden Gage mal abgesehen, wer den Leo in Aviator gesprochen hat. Ich habe ihn als einzigen nicht herausgehört.
Was liegt heute noch an? - Der Einkauf. - Also los!
Bin wieder zurück. Das Wetter ist um keinen Deut besser geworden. Schuhe aus und auf einen Lappen stellen. Pitschenass! Weiter geht es in der Küche.
Apfelsinen und Grapefruit in die Obstsatte. Uralt und von Tante Ada geerbt. Nicht das Obst. Äpfel getrennt von den

Zitrusfrüchten, damit sie keinen Ärger machen. Tomaten extra in eine Papiertüte, zusammen mit einem hübschen Apfel, reifen schneller. Wasser in die blaue Vase und die gelben Tulpen rein.

Halt, erst die Stiele anschneiden. Ins Wohnzimmer auf den Schrank. Da kann ich sie bewundern, wenn ich es mir auf dem Sofa bequem mache.

Wieder zurück in die Küche und die restlichen Lebensmittel verstaut. Füll das Salz doch gleich in den Streuer! Medikamente in die Apothekenschachtel. Die anderen sichtbar hinstellen, sonst vergesse ich sie einzunehmen. Einkaufskorb wegstellen. Unser Supermarkt wird in den nächsten Monaten wegrationalisiert und bietet aus diesem unerfreulichen Grund Nudeln zum halben Preis an. Wohin also mit den vier verschiedenen Sorten, alles 1000-Gramm große Beutel! Zum Glück habe ich eine Tochter mit Nudelpassion und sie hat einen stattlichen Hund mit der gleichen Leidenschaft. Wieso bleiben die beiden eigentlich so schlank dabei? Das Telefon klingelt.

Meine andere, die Ost-Cousine, teilt mir unter Tränen mit, dass ihre Mutter, meine siebenundachtzigjährige Tante, überraschend und völlig unerwartet ins Krankenhaus muss. Ich bin sehr erschrocken und will sofort losfahren. Lass es, sagt die Cousine. Sie weiß noch nicht in welches Krankenhaus. Jetzt ist der Rettungsarzt bei ihr. Sie verspricht, sich sofort wieder zu melden.

Was soll ich jetzt machen? An die Schreibmaschine? Kann mich nicht konzentrieren. Ich hänge sehr an der Tante. Sie ist mein letztes, mir nahe stehendes Ollchen. Ein bisschen muss ich weinen und den lieben Gott bemühen.

Ich werde das Gastzimmer aufräumen, während ich auf Nachricht warte. Fenster auf - dieses Ekelwetter! Betten abziehen. In den Korb ins Bad mit der Wäsche. Ausziehcouch

einklappen und die passenden Kissen drauf. Stühle an die richtige Stelle. Einmal durchsaugen und mit dem Staublappen wedeln. Fast sieht es schon wieder wie meine Wohnung aus. Wie wäre es denn mit einem Happen Mittagessen? Dann man ran an die adligen Reste „von Gestern". Es darf nichts umkommen. Noch habe ich einen leeren Teller.
Das Telefon klingelt. Ängstlich hebe ich den Hörer ab.
„Kannst du meinen kleinen Enkel eine Stunde nehmen? Ich möchte zum Friseur, gleich bei dir um die Ecke."
„Bei dem Dreckwetter?"
„Es geht nicht anders."
„Hoffentlich macht deine Tochter keine Schwierigkeiten", gebe ich zu bedenken.
„Sie muss es ja nicht erfahren. Ich bringe Kuchen mit. Machst du Tee?"
„Aber ja."
Kurze Zeit später habe ich den süßen Kleinen auf eine zusammengefaltete Decke auf den Küchenfußboden gesetzt. Er räumt auf. Das ist im Augenblick seine Lieblingsbeschäftigung. Ich stelle ihm ein Küchenschub in erreichbare Nähe und zeige ihm, wie er große und kleine Löffel sortieren kann. Er ist mit Feuereifer dabei und ich wasche inzwischen einen Schub nach dem anderen gründlich aus. Das wollte ich heute unter anderem sowie so tun und nun hab ich sogar eine tatkräftige Hilfe. Messer und Gabeln übernehme ich selbst, sicherheitshalber.
Wie mag es der Tante gehen? Blutungen in diesem Alter. Dann muss sie auch noch jeden zweiten Tag zur Dialyse. Das steht sie durch, ohne zu jammern und ohne zu lamentieren. Sie ist ein echtes Vorbild für uns alle. Jeder hängt auf seine Weise sehr intensiv an ihr. Was, wenn sie nicht mehr ist? - Manche Ereignisse will man sich nicht vorstellen. Aber ich muss mich wohl oder übel mit solchen Gedanken vertraut machen. - Nein,

lieber noch nicht. Was wollte ich heute, an meinem freien Tag eigentlich wirklich tun? Gästezimmer in Ordnung bringen - geschehen. Den Knopf an die Strickjacke nähen - vergessen. Einkaufen, Reinigung - fast erledigt. Spülbecken polieren. Auch das in der Küche, das habe ich schon länger vorgehabt. - Nicht geschafft. Ich habe keine einzige Zeile gelesen! Spülmaschine ausräumen. - Schreiben! - Meine Vögelchen! - Die großen Töpfe, die nicht in die Maschine passen, muss ich auch noch mit der Hand säubern. Gestern Abend war das große Abschiedsessen. Ach, ich habe vergessen eine neue TV-Zeitung mitzubringen Die Schübe aber sind alle blitzblank und an ihrem Platz.
Die Türglocke klingelt, stürmisch. Die chice Omi kommt mit herrlichem Bienenstich und wir haben Teatime. Dann ziehen die beiden fröhlich ab. Inzwischen ist es Abend geworden. Wohin ist bloß die Zeit verschwunden? Auf dem Schreibtisch häufen sich immer noch die ungeöffneten Briefe. Ach ja, das Päckchen ist ja auch noch in der Küche. Und Vogelfutter ist keins mehr da. Die armen Dingerchen. Irgendwo hab ich mal gelesen: kleine Vögel sterben heimlich. Das hat mich so berührt, dass ich immer für sie sorge. Ich schütte einen ausreichenden Schwung von meinem Müsli in das Futterhäuschen. Dann haben sie wenigstens morgen früh etwas.
Ich habe also mal wieder nicht alles geschafft, was auf der Nichtvergessenliste steht. Nah ja, wie sagte doch Scarlett O'Hara so treffend in „Vom Winde verweht“: morgen ist auch noch ein Tag.
Das Telefon klingelt.
Die Tante hat eine Bluttransfusion bekommen. Es geht ihr besser. - Danke lieber Gott. Wo, bitte, soll ich da noch Zeit für Müßiggang hernehmen?

Menschen
von Betti Fichtl

Sie sind die Engel
Ohne Flügel
Und tragen Gesichter
Von Liebe geleitet
Sind ihre Hände.

Sie strahlen
Um sich
Und verbreiten
Das Gute.

Die Menschen
Mit einem Herz voll Liebe..

Exil oder Flucht
von Gerda Steger

Leben hinter vier Wänden
ohne Atem Luft ohne Fensterblick ent-
fliehen er will nicht
kann Hände & Füße gefesselt

sein Leben noch an einen Faden hängt
er wächst über sich hinaus und
weiß nicht wohin es
tröpfelt die Zeit dahin

seine gefrorene Zeit die letzten Tage
ein stilllauter Schrei nach Atem
Freiheit nach Hunger und Licht
das auch die Seele wärmt

seit tausendundmehr Nächten träumt er
durchs Spinnfadennetz sich hinaus
und flüchtet kurz in die Wärme
in den Duft ihrer Haut

Es hat aufgehört zu regnen

von Werner Seibel

Es ist ihm egal, wohin es geht, ob nach Troncais oder in ein kleines französisches Dorf oder in eine abgelegene Gegend irgendwo im Süden, aber noch in heimischer Landschaft, Alpenvorlandgebiet, Schwarzwald oder Eifel; es kümmert ihn nicht, Hauptsache er muss nicht jeden Pfad kennen und es sollte ihm einfallen, einen der tiefen Gräben zu überspringen, was er immer noch für möglich hält. Die Diagnose hat sich weiter gefestigt und die Aussichten vergrößert, dass er unbedingt einen dieser Tage braucht, einen Tag von morgens bis mitternachts, der ihm geschenkt wird und das einzige Ziel für ihn bereit hält, alles das zu sehen, was ihm bisher verborgen geblieben ist und zuweilen denkt er an die empfohlene Behandlungsmethode, an das Gespräch, sehr aufschlussreich und von großer Erfahrung begleitet. Selbst die Erfüllung des unscheinbarsten und kleinsten Wunsches würde jetzt Bedeutung haben, hätte eine dankbare Funktion und wäre nicht von Langeweile beeinflusst. Gut und schlecht wäre diese Vorstellung, sodass jede Antwort möglich sein könnte. Die *halbe* Last trägt er schon lange nicht mehr, das Reden macht ihm zu schaffen und an jedem anderen Tag würde er die Zeilen anders schreiben, könnte sich ein anderer Eindruck ergeben.
Drei Wochen sind kaum festzuhalten gewesen und später würde er im Besitz einiger interessanter Erkenntnisse sein, medizinisch versteht sich. Nein, nicht nur das, er wäre auch im Besitz von neuen Gefühlen und jeder Buchstabe könnte ein großer Gewinn sein, ein entscheidender Wurf. Dreißig Sekunden sind länger als sonst und kaum jemand käme dahinter, welche Motive in welchen Worten stecken. Es könnte keinerlei Gelegenheit mehr geben, auf einen roten Abendhimmel hinzuweisen, auf einen achtlos weggeworfenen Stein oder einen rostigen Nagel, der in einem aus einem Abraum herausgerissenen Brett stammt. Motive? Wofür? Zum Überleben. Verrotten. Vergessen? Motive, die keinerlei Gelegenheit

haben, auf den nächsten Tag hinzudeuten, denn die Gedanken lassen es nicht zu, sind so unergründlich, dass sie den Eindruck erwecken, sie könnten auch in drei Wochen nicht zu einem sinnvollen Resultat finden. Später wäre man zwar im Besitz einiger interessanter Beobachtungen, hätte vielleicht das Gefühl, dass jedes Wort, jeder Buchstabe ein großer Schritt nach vorn ist, dass man Bescheid weiß über die eigenartigen Hochgärten in Tokio oder die modernen Wolkenkratzer einer Architecture of Humanism. Jetzt wach zu sein, nicht vergessen zu werden, das wäre es doch, wer will schon Verräter seiner Träume sein, auch wenn man den Traum zum dritten oder vierten Male durchgestanden hat. Natürlich denkt man in diesem Moment an Fellini oder Visconti oder nur an Bruchstücke einer eigenen Betrachtungsweise.
Warum schreibt man?, fragt er sich, warum ist eine Zahl die Menge aller irrelevanten Mengen? Warum denkt man häufig an die Zeile *Zärtlich ist die Nacht* in La‘ Aventura? Manchmal will Philipp *(Betonung auf der zweiten Silbe)* nicht länger so genannt werden, er möchte Dawid *(bewusst mit w geschrieben)* oder nur einfach ICH heißen, Ich, Ich *(ohne damit das eigene Ego überzubewerten, wie ich betonen möchte).* Er also, Philipp, verlässt seine Wohnung, geht langsam die Treppe hinunter, öffnet die Außentür und tritt auf das Trottoire, um im nahegelegenen Café über sein Leben nachzudenken. Er zählt die Stunden aus, macht sie zäh und widerspenstig.
Ein Krankenwagen mit Blaulicht rast über die Kreuzung. Er, Philipp, will sich nicht unterhalten, will eisern seinen Mund verschließen, hält plötzlich an, schaut sich um und hat nicht die geringste Lust, seine großen Schmerzen zu beachten. Über die langen Nächte spricht er ebenfalls nicht. Er würde, wäre es möglich, seinen Tag wie einen Dienstplan behandeln, eine gebändigte Freiheit also wagen, um in Erfahrung zu bringen, warum die Marktstände heute Morgen schon um neun öffnen, anstatt um zehn, warum das Gemüse gegebenenfalls bald wieder ausverkauft sein wird, wieso die Kunden an den Ständen sich untereinander kritisch betrachten, warum er,

Philipp, schon etwas in Sorge ist, dass es bald Mittag sein würde und er sich fragen müsste, ob er sich bis jetzt nützlich gemacht habe. Ja, er nimmt eine bestimmte Position ein, wünscht sich, im Leben eine einfachere Arbeit gemacht zu haben, möchte *(und das müsste er in den nächsten beiden Stunden entscheiden)* noch einmal durch ein endloses Sandwatt laufen. Es wäre nötig, und er würde ein Haus betreten, fremd, nur mit einem einzigen Raum, würde über eine erfundene glückliche Zukunft nachdenken, hätte Gelegenheit, die raffinierten Wolken, die wie Ellipsen aussehen, zu bestaunen und könnte sich erlauben, hier zu bleiben, also antistädtisch sich zu verhalten. Ich bin nicht schwerbehindert, sagt er zu sich selbst, ich bin kräftig, einfallsreich und entschlossen, alles um mich herum genau zu sehen, denn meine Augen schaffen es, ihre relative Zurückhaltung aufzugeben. In dieser Sache bin ich wahrlich selbstständig, habe keinen Stress, folge den endlosen Flügen der Möwen, vernachlässige mich nicht, versuche, ein kleines Stück meiner Persönlichkeit zu bewahren. Meine Hustenanfälle nehmen ab und - gäbe es Zuschauer - sie würden mich nicht zwingen, weiterzugehen. Die Mahlzeiten verschieben sich, die Servicekräfte verabreichen mir, wäre es erforderlich, ein extra Essen. Würde ich entlassen, kämen andere nach und ich würde eine neue Rolle übernehmen können.
Damals, vor langer Zeit, bevorzugte ich Gesprächspartner, die mir gut taten und dennoch ist es mir eine Genugtuung, das Nichteinschätzbare von Menschen zu riskieren. Wie werden sie sich verhalten? Ich, Philipp, weiß zu wenig von mir. In meinem Kopf erzählen sich all meine Erfahrungen untereinander eine spannende Geschichte, die sie mir nicht weitergeben wollen. Manches, nein, Vieles ist verschwunden und als Philipp sich über die Arbeit eines Schriftstellers Gedanken machen möchte, weil er erfahren will, wie das denn so ist, Sätze, Kapitel zu erfinden, sie zu ordnen und wirken zu lassen, denkt er an sich selbst, er, der in den letzten Wochen sein Leben aufgeschrieben hat, ohne auf die Kommentare von

Kritikern Rücksicht zu nehmen. Gezwungenes, Leichtes und Sentimentales kommt da zusammen und die absurdesten Dinge sind ihm plötzlich wieder im Bewusstsein. Der Klinikalltag hat ihm, dem Patienten Philipp, viel Zeit gelassen und er *nutzt s*ie, die Zeit, da ist er unersättlich, vor allem, weil er die Fahrpläne der Züge studiert hat und fest daran glaubt, dass die Verbindung nach Venedig oder Antibes ihm nicht davoneilt, dass er seinen Zeigefinger ausstrecken kann und doch die Diagnose ihn in eine Klammer verfrachten wird, die fest sitzt, ihn nicht loslässt. Plötzlich buchstabiert er seinen Namen: P-h-i-l-i-p-p. Und da fällt ihm die Zeile einer Dichterin ein, die von der Fata Morgana der Phantasie spricht und zugleich von einem Mythos der ganz persönlichen Lebensorganisation. Philipp spürt die Kraft des Schwachen, ist einen Moment schwermütig, im Café ist er ganz allein und er denkt an das Ausmaß einer vor ihm liegenden Aufgabe. Er wird sie nicht ablehnen können, nicht das vor ihm nicht normale Leben, das so ungeheuer viel Mühe damit hat, sich als Leben zu bezeichnen. Machen Sie was Schönes aus den letzten Wochen, die Sie noch haben, hat der Arzt gesagt und Philipp hat Striche für all die kommenden Tage an die Wand geritzt und anstatt jeweils einen zu streichen, einen dazu gemalt, *für meine Wünsche und meine verlorenen und doch schönen Jahre,* wie er es nennt. Und dabei lächelt er und sagt: *Wie schön, es hat aufgehört zu regnen.*

Sommerliebe
von Sieglinde Seiler

Der Sommer küsst die Blumen wach,
beschirmt sie mit einem blauen Dach,
benetzt sie morgens mit nassem Tau,
wenn er auflöst das tiefe Dämmergrau.

Der Sommer liebt den Sonnenschein,
lädt ihn gern schon zum Frühstück ein,
taucht in seine Sommerglut das Land,
lässt zum Kühlen der Nacht freie Hand.

Weil der Sommer Grillenzirpen mag,
legt er strahlendes Wetter an den Tag.
Des Kartoffelfeuers markanter Geruch
liegt in der Luft als unsichtbares Tuch.

Der Sommer träumt von roten Rosen,
von bunten Blüten, kleinen und großen,
Sandstrand, Meer und Sonnenschein,
lauen Abenden bei einem Glas Rotwein.

Gottes Wunder – Tischgebet
von Anita Angheloiu

Jeder Samen in der Erde
wird durch uns'ren Fleiß geweckt.
Und auch ich will Helfer werden.
Seht, wie sich das Pflänzchen reckt!

Licht und Wärme, Regentropfen
an die Tür des Bodens klopfen.
„Kommt herein, kommt herein!
Ihr dürft meine Gäste sein!“

Mit dem Häcker in der Hand
sehe ich so manch' Getier.
Ziehe übers Ackerland,
und auf einmal sind sie hier.

Käfer, Wurm und Tausendfuß
bringen gleichfalls einen Gruß.
Immer höher, immer weiter
wächst die Pflanze froh und heiter.

Und das Wunder ist gescheh'n.
Gottes Gabe ist zu seh'n!

Wir danken dir so sehr, oh Herr,
du Schöpfer aller Dinge,
für Obst, Gemüse und viel mehr!
Mög' es uns stets gelingen.

Amen

Glück
von Dorothea Karguth

Immer seltener,
doch immer mal wieder
ein Denken an längst gelebte Zeiten, -
was ist geblieben,
wer ist geblieben
von all meinen Lieben?
Letztlich lebt jeder für sich und alleine
wie Steine
bizarr am Wegesrand.
Ich halte inne,
noch dem Leben zugewandt,
doch immer mal wieder
schauend zurück
in das Leuchten
vergangener Tage,
auch das ist Glück. -

Manchmal
von Ines Graudenz

Manchmal denke ich,
ich habe die ganze Welt
im Kopf und die Schwere
zieht mich nach unten.
Die Welt
in ihrer erschreckenden
Unmenschlichkeit,
in ihrer absurden
Machtbesessenheit,
in ihrer
schamlosen
Naturausbeutung.
Manchmal möchte ich den Kopf
bei Seite legen
im Kopf frei sein
für Hoffnung, Versöhnung
Frieden.
Manchmal habe ich die ganze Welt
im Kopf
in ihrer ganzen Schönheit
in ihrer unglaublichen Vielfalt
in ihrer unauffälligen Mitmenschlichkeit
in ihrer verborgenen
Sehnsucht
nach friedfertiger Ruhe.

„Sind Sie der Kommissar?“

von Annette Wübbel

George Clooney hatte ich schon mal nicht getroffen, obgleich wir uns ganz in der Nähe seiner Sommerresidenz am Comer See aufhielten, und das mehrere Male vom See und von Land aus. Auch andere Promis bekamen wir nicht zu Gesicht, obwohl die Gegend dafür bekannt ist.
Nun saßen mein Mann und ich dösend auf einem Bahnsteig in Hannover auf der Rückreise vom Tessin und warteten auf den Anschlusszug zu unserem Wohnort. Ein Mann ging quer über den Bahnsteig an uns vorbei in einer Entfernung von ca. drei bis vier Metern. Er war groß, kräftig gebaut und hatte schwarzes Haar. Man konnte ihn nicht übersehen.
Auf den ersten Blick kam er mir bekannt vor. Auf den zweiten auch. Es war aber *wieder* nicht George Clooney. Warum sollte gerade *er* in Hannover von einem Zug in einen anderen in Richtung Rheine umsteigen! Bestimmt nicht seine Destination. Der Mann setzte sich in unserer Nähe auf eine dieser höchst unbequemen Stahlgitterbänke. Er kam mir *immer noch* bekannt vor. Und das ließ mir einfach keine Ruhe.

„Guck mal ganz unauffällig nach links“, forderte ich meinen Mann auf, „ist das nicht ein bestimmter Schauspieler aus meiner Lieblingskrimiserie, die in meiner Heimatstadt spielt?“
Mein Mann drehte seinen Kopf in sämtliche Richtungen, soweit es orthopädisch zulässig war.
„Wo? Nein, ich erkenne niemanden.“
„Aber du hast doch auch schon ein paar Folgen gesehen!“
„Ist schon länger her“, brummelte er vor sich hin. Er war müde vom Kofferschleppen.
Und es war sehr heiß.
„Also, jetzt will ich es aber wissen. Wenn es nicht dieser Schauspieler ist, müsste er einen Doppelgänger haben!“
„Du willst ihn doch nicht etwa ansprechen?“

„Warum nicht, ich schaue ihn mir erst einmal unauffällig aus sicherer Nähe an.“
„Muss das sein?“ Mein Mann verzog verärgert das Gesicht, wohlwissend, dass jeglicher Protest zwecklos war. Ich stand auf und überließ ihm mein Gepäck.
„Du weißt, wann unser Zug abfährt!“, rief er mir mahnend hinterher.
„Keine Sorge. Ich bleib‘ in Sichtweite.“
So schlenderte ich – scheinbar gedankenverloren – über den Bahnsteig, den bestimmten Mann auf der Stahlgitterbank im Visier, blieb dann unvermittelt vor ihm stehen.
„Entschuldigen Sie bitte, dass ich Sie einfach so anspreche, aber Sie kommen mir irgendwie bekannt vor aus dem Fernsehen. Sind Sie vielleicht der Kommissar aus der Serie …?“
Er ließ mich gar nicht erst ausreden und lächelte mich freundlich an: „Ja, ja, der bin ich!“
Live gefiel er mir viel besser als in seiner Fernsehrolle als pedantischer, behäbiger Polizist mit Schlips und Kragen. Ja, er wirkte richtig charmant. Und das sagte ich ihm auch ganz offen auf meine Art. Offensichtlich freute er sich darüber, dass ihn jemand unauffällig erkannt hatte. Sein bürgerlicher Name war mir im Moment allerdings entfallen.
„Diese Serie gehört für mich inzwischen zum Pflichtprogramm“, fuhr ich fort.
„Sie spielt nämlich in meiner Heimat und ist dort mittlerweile Kult. Ich lebe zwar nicht mehr dort, versuche aber immer wieder, die Schauplätze zu erkennen. Das ist richtig spannend.“
Und so entwickelte sich ein lebhaftes Gespräch, wobei mir auffiel, dass er leiser sprach als ich, wohl um nicht allzu sehr aufzufallen. Er wirkte sehr natürlich und auch attraktiv.
„Wissen Sie, wenn ich dreißig Jahre jünger wäre, hätte ich Sie um ein Autogramm gebeten. Aber aus diesem Alter bin ich inzwischen heraus“, bemerkte ich selbstironisch.
„Ich habe überhaupt kein Autogramm dabei.“ Wir lachten beide fast schon wie zwei gute Bekannte.

„Was ist mit der knackigen Staatsanwältin? Lässt sie endlich ihren glühenden Verehrer aus der Pathologie an sich heran? Der arme Kerl kann sich ja nicht nur mit seinen Leichen beschäftigen!"
„Betriebsgeheimnis."
„Ja, ja, ist schon klar."
„Wir drehen gerade wieder neue Folgen, macht uns allen richtig Spaß."
„Das merkt man als Zuschauer. Ich wäre gern einmal an einem Drehtag dabei …"
Wir hätten stundenlang so locker weiterreden können, wurden jedoch durch das Einlaufen des Zuges unterbrochen.
Mein Mann wedelte schon ganz wild mit dem Proviantbeutel.
Wir eilten mit unserem Gepäck zum Zug, ohne dass ich mich von dem Fernsehstar verabschieden konnte.
Der Schauspieler stieg allerdings vor mir in denselben Waggon ein.
Ich konnte nicht ahnen, was mir in den nächsten Minuten widerfahren sollte.

Ich hatte gerade den Vorraum des Waggons erklommen, als ich plötzlich stolperte und eine glatte Bauchlandung hinlegte, mit Handgepäck. Da lag ich nun schwerfällig wie eine alte Schildkröte am Boden und kam nicht wieder hoch. Mein Mann war derweil mit unseren Kofferbergen beschäftigt und hatte meinen Fehltritt noch nicht bemerkt!
Wie aus dem Jenseits vernahm ich plötzlich eine mir nicht gänzlich unbekannte Stimme: „Kann ich helfen?" Es war der Schauspieler im Diesseits.
„Ich komme nicht mehr alleine hoch!", jammerte ich lachend.
Ohne zu zögern, packte er mich – ich weiß nicht mehr wie – und stellte mich auf meine zwei Beine. Ich war gerettet. Und dankbar; fand mich dann in unserem reservierten Abteil wieder.
Meine Beine zitterten ein wenig, sie standen unter Schock, waren aber noch dran.

Als wir unseren Zielbahnhof erreichten, war ich zwar noch etwas wackelig auf den Beinen, konnte aber schon wieder gehen. Mein Retter machte sogar noch weiter – er besaß wohl das Herz eines Pfadfinders – und gab meinem Mann aus dem Zug heraus unsere Koffer an, bevor er selbst ausstieg. Wir konnten ihm gar nicht genug danken.
„Grüßen Sie das Fernsehteam herzlich von mir!“, bat ich ihn zum Abschied. „Wir sehen uns bestimmt wieder. Man sieht sich immer zweimal im Leben!“
„Das würde mich sehr freuen“, rief er fröhlich lächelnd. Und schon verschwand er aus meinem Blickfeld.

In der darauf folgenden Woche schaute ich mir natürlich wieder die besagte Serie im Fernsehen an, dieses Mal hauptsächlich, um meinen charmanten Retter wiederzusehen.
Für mich war es ein seltsames, irritierendes Gefühl: Hatte ich die unterbrochene Bahnhofs-Begegnung mit dem Fernsehkommissar wirklich erlebt? Ich konnte es immer noch nicht fassen.

Wann wird man denn schon mal ausgerechnet von einem bekannten Fernsehstar aus einer echten *Not-lage* aufgehoben?

Tante Mina
von Wolfgang A. Windecker

Wilhelmina hat dich niemand genannt.
Du hattest ein großes
Herz, eine große Seele.
Deine große Schwäche
waren die Männer,
du hast sie geliebt.
Ein schlechter Ruf
war die Folge.
Für deine vielen
Kinder und Enkel
hast du rührend
gesorgt.
Unvergessen bleibt
deine Kreativität,
dein Umgang mit
Blumen,
deine vielen, vielen
kleinen Gedichte
und Anekdoten
über deinen
Heimatort Steinbach
und seine
liebenswerten Originale.

Miteinander
von Betti Fichtl

Reiche mir Deine Hand
Und lass uns Liebe
In Worte kleiden.

Scheinlos führt der Weg
In den Schlaf
Und verhüllt ein Wiedererwachen.

Ein jeder Tag
Ist kostbar
Denn sie tropfen
Wie das dunkle Harz
Vom Stamm der Zeit
In die Vergangenheit.

Der Berg ruft
Auf dem Elbrus
von Margrit Wagner

Nachdenklich betrachte ich das alte Schwarz-Weiß-Foto, erinnere mich zurück an das Jahr 1989. Gemeinsam mit 15 anderen Kurpatienten aus Deutschland weilte ich im Monat September zu einer Heil-Kur in Jessentucki im Nordkaukasus. Kollegen und Freunde beneideten mich um den Kurort. Ich war nicht wirklich glücklich. Es war nicht die Kur, die ich für die Stabilisierung meines Allgemeinzustandes benötigt hätte. Nie habe ich erfahren, warum ich diese Auslandskur erhalten habe, obwohl ich den Wunschort Bad Gottleuba angegeben hatte. Ich liebte auch eher das Wasser und die Weite und nicht so sehr hohe Berge. Doch ich arrangierte mich mit den Kurbedingungen und bemühte mich, wenigstens das Reiseerlebnis zu genießen. Die Armut und die Lebensbedingungen der dort lebenden Kaukasier erschütterten mich.
Besonderer Höhepunkt war ein Ausflug zum Elbrus an einem Sonntag, der nur wenige Rubel kostete. Aus meiner Schulzeit wusste ich, dass der Elbrus im Kaukasus liegt, einen Westgipfel und einem Ostgipfel hat und ungefähr 5600 m hoch ist. Dieser Berg war für mich bisher unerreichbar. Nun sollte ich ihn kennenlernen. Nicht nur ich, auch die anderen Kurpatienten unserer Gruppe, 12 Männer und 3 Frauen, waren

neugierig und aufgeregt.
Um 8.00 Uhr sollte uns ein Bus abholen und uns zu der in 2300 m Höhe gelegenen Talstation Poljana Asau bringen. Von dort sollte es mit der Elbrus-Seilbahn in zwei Etappen zum in einer Höhe von 3550 m gelegenen Skigebiet gehen.
Der Bus war pünktlich, machte aber den Eindruck, als sei er gerade vom Schrottplatz geholt worden. Freundlich begrüßte uns der Fahrer, ein Kaukasier, ließ uns einsteigen und verstaute unser Reiseproviant in den Gepäcknetzen über den Sitzen. Dann raste er mit dem klapprigen Bus und uns über Schotterpisten. Er konnte kein anderes Auto vor sich sehen, doch für Kühe oder Pferde innerhalb der Dörfer stoppte er.
Nach etwa zweistündiger Fahrt, wir waren völlig durchgerüttelt, hielt der Fahrer an: Pause. An den Namen des Ortes erinnere ich mich nicht mehr, aber daran, dass wir sofort von einer Meute Straßenhunde umringt waren, die großen Appetit auf unsere Brote hatten und laut bellten.
Nach ca. 30 Minuten ging die abenteuerliche Fahrt weiter. Endlich war die Talstation mit Seilbahn erreicht. Ein neues Abenteuer begann und hieß „Auffahrt zum Skigebiet“ mit der Elbrus-Seilbahn in zwei Etappen. Gemeinsam mit unserem Begleiter fanden wir alle zusammen in einer Gondel Platz. Das Landschaftspanorama war beeindruckend, ließ die Angst und das mangelnde Vertrauen in die Technik der Seilbahn in den Hintergrund geraten. Es war unangenehm kalt.
Der Umstieg von einer Seilbahn in die zweite verlief ohne Probleme. Ich glaubte zu träumen. Ich stand wirklich auf dem Elbrus in 3550 m Höhe, ein winziges Pünktchen in der weiten Schneelandschaft. Zum Glück hatte ich keine Probleme mit der Höhenluft. Einige Personen unserer Gruppe fuhren sofort wieder ins Tal. Sie konnten oder wollten Höhenluft und Kälte nicht aushalten. Auch ich fror, hätte mich gern mit einem heißen Getränk aufgewärmt, aber ich wollte es auch auskosten, auf einem Berg zu sein, den ich nie wieder sehen und betreten würde.
Meine Blase meldete sich. Ich war glücklich, als ich ein Schild

im Schnee entdeckte, das WC zu bedeuten schien. Das WC war ein Balken im Schnee ohne irgendeinen Sichtschutz. Es kostete mich schon große Überwindung, es zu benutzen und meinen Ekel zu unterdrücken. Die Kälte zwickte an allen Körperteilen, doch die Erleichterung war groß.
Die Sonne versteckte sich hinter den Wolken. Das intensive Weiß des Schnees blendete, ließ meine Augen tränen. Ich zitterte vor Kälte.
Es war Zeit für die Abfahrt geworden. Der Bus wollte noch bei Tageslicht Jessentucki und die Kureinrichtung erreichen. Ich war im Höhenrausch und hatte plötzlich in der Gondel keine Angst mehr, tauchte ein in die bizarre Schnee- und Berglandschaft.
Die Busrückfahrt war noch temporeicher als die Hinfahrt, denn es ging nun bergab. Gerade als unser Begleiter vorgeschlagen hatte, unseren Reiseproviant zu verspeisen, erschien eine Kuh auf der abschüssigen Schotterstraße.
Vollbremsung!
Wir und der Reiseproviant flogen bzw. kullerten durch den Bus. Zum Glück hatte sich niemand von uns ernsthaft verletzt. Die blauen Flecke kamen erst später.
Der Fahrer stoppte den Bus, sammelte lachend die glücklicherweise hartgekochten Eier, Brote und gedünsteten Hühnerbeine wieder ein, verteilte sie an uns und wünschte uns guten Appetit. Dann setzte er die Fahrt in rasantem Tempo fort.
Ich denke, wir waren alle froh und glücklich, als die Kureinrichtung in Sicht war.
Die Wirkung der Höhenluft zeigte sich bei mir einen Tag später. Ich hatte erhebliche Gleichgewichtsprobleme und das Empfinden, total betrunken zu sein, obwohl ich keinen Tropfen Alkohol zu mir genommen hatte. Die Außentemperatur empfand ich als tropisch, obwohl sie nur etwa 20 Grad betrug. Zum Glück war der Spuk einen Tag später wieder vorüber.
Ich liebe nicht unbedingt das große Abenteuer, bin aber neugierig auf Menschen, Orte und andere Lebenskulturen. Da

lasse ich mich dann auch einmal auf Unternehmungen ein, die mir im normalen Alltag Angst machen würden.
Ich bin dankbar, dass ich das Abenteuer „Elbrus“ erleben durfte und ein unsichtbarer Schutzengel die Gruppe und mich behütet hat.

fängst mich auf
von Gerda Steger

immer wieder licht
los am Abgrund ich stehe,
zurück mich zieht
der Blick, ein Stück Blau
Himmel mich umfängt,
mich ruft süßer Duft,
die Sommerflut mit dir zurück
ich falle (noch) nicht
abgrundtief ich
fliege hoch höher da-
rüber mit deinen Flügeln!

Liebe
von Betti Fichtl

Du lächelst
im Zauber
der Musik.

In Deinen Augen
tanzen die Töne
mit den
Teelichtern
um uns.

Klingen
über die
Augenblicke.

Ein Traum.

Kirschkerne spucken
von Heike van den Bergh

Diese süßen und sonst keine!
Kirschen auf Oma Häberles Bäumen,
wir oben und schaukeln die Beine,
Augen in weißen Wolkenträumen.
Spucken Kerne, weiter, weiter, um die Wette,
die Beste von allen war Müllers Babette.

Rainer „Mit-dir-spielt-wohl-keiner“ musste Schmiere steh‘n,
uns warnen, wenn Oma Häberle käme zum Garten,
und wenn er rief „Die Hexe zu seh‘n“,
schnell runter vom Baum, nicht mehr warten,
schnell durch die hohen Wiesen verschwinden,
Oma Häberles Heugabel drohte von hinten.
Wir unbesiegbar, voller Mut,
und genaschte Kirschen: wie gut!
Mama wollte beim Obstkauf sparen,
Oma Häberles Kinder keine Hilfe waren.
So pflückten Mama, Miri und ich sommers immer
Beeren und Kirschen und Freudenschimmer,
sammeln und säubern und sieden und kochen,
nach Marmelade Wohnung und Kleider
süß duften noch sechs Wochen.
Für den 5 kg Korb zahlten wir 5 Mark,
im Sparen war Mama immer schon stark.
Lange Sommer mit Beeren im Quark.
Lange Winter mit Stuten und süßer Marmelade, schmeckten
besser als jede Tafel Schokolade.

Im Kino beim Stadtjugendring,
als Teenie kein ganz selt’nes Ding,
ein Junge sich für mich interessierte,
mit mir durch die vertrauten Obstwiesen flanierte.
„Komm, wir klettern auf den Baum“,

rief er mir zu und schon war er oben,
ich traute mich kaum,
nicht, weil ich Angst hatte so weit oben.
Eng nebeneinander in den Zweigen,
aßen wir Kirschen, spuckten Kerne, verlegenes Schweigen.
Bis er mir zwei Paar Kirschen über die Ohren hängte,
und einen Kussmund mir entgegen drängte.
Das wurde ja immer bunter!
Zu hastig sprang ich vom Baum herunter,
dabei zerriss mein kostbares Goldarmband,
was zum 17. mir geschenkt hatte die Tant'.
Wie mit Oma Häberles Heugabel gejagt rannte ich -
Nun schmeckten die Kirschen absonderlich,
ich fühlte wieder wie als Kind,
als hätte ich was Verbotenes gemacht,
da fiel ich vor der Haustür hin,
meine Schwester hat mich ausgelacht.
„Verliebt, verlobt, verheiratet!“, lachte sie,
ich dachte damals, das verzeihe ich dir nie.
Fünf Jahre später im fernen Nippon,
es war inzwischen Frühling schon,
durfte ich Kirschen in ganz neuer Form erleben,
ich hatte mich in den Ueno-Park begeben,
von Freunden geladen zum Kirschblütenfeste,
da gab es von allem nur das Beste:
Fischröllchen, gebratenes Ei und Süßigkeiten.
Die Frauen begannen darüber zu streiten,
wer mir die meisten Häppchen geben könnte,
weil man hier Ausländern nur das Beste gönnte.
Sake und Kirin-Bier in Mengen strömten,
und als die ersten Kirschblütenlieder ertönten,
rieselten rosa Blättchen im leichten Wind duftend herab,
kaum vorstellbar, dass es glücklichere Momente gab.

Die Japanische Kirsche trägt keine Früchte,
weshalb ich doch behaupten möchte,

dass die geklauten Kirschen aus Oma Häberles Bäumen
glücklicher machen,
als von japanischen Kirschblüten zu träumen.

Intarsien aus Napoli

von Maria Edith Ropeter

Erschöpft kehrte Charlotte Schmidt vom Stadtbesuch zurück. Mit zwei wohlgefüllten Taschen beladen, fühlte sie schmerzhaft ihre Arme. Auch die Füße waren vom Herumlaufen müde. Bis zum Mittagessen, zu dem sie ihren Ehemann - wie jeden Tag - erwartete, blieben ihr noch 30 Minuten Zeit. „Nur 10 Minuten ausruhen", seufzte sie, und dann wollte sie das Essen vorbereiten. Das Telefon läutete. Wer konnte das sein? Eigentlich passt es mir jetzt nicht, dachte Charlotte und nahm den Hörer trotzdem ab.

„Hallo!", ertönte die fröhliche Stimme eines Bekannten. Vier Jahre haben sie und acht andere Freunde miteinander in der Sprachklasse gesessen und sind Freunde geworden, die sich auch in der Freizeit gern einmal „mit ihrer Sprache" befassen und gern nach Italien reisen.

„Was gibt es Neues?", fragte Charlotte.

Da sprudelte Hans Mey schon los. „Hilf uns, Topolino*!" Er benutzte ihren lustigen Spitznamen. „In der Firma meiner Frau ist ein Tischlermeister aus Neapel zu Gast, der zauberhafte Intarsienarbeiten herstellt. Er ist ein Künstler! Die Finna möchte ihn vertraglich binden. Leider ist der Dolmetscher verhindert und niemand in der Firma spricht italienisch, aber meine Kenntnisse reichen nicht aus. Nur du könntest uns helfen. Würdest du gleich kommen? Sie schicken einen Wagen."

„Ich verstehe nichts von Holz!", sagte Charlotte, „Und habe ich auch keine Zeit."

Schließlich ließ sie sich doch überreden, stellte ihrem Mann einen kalten Imbiss bereit und legte eine Notiz dazu. Dann nahm sie das kleine Lexikon und hatte noch 5 Minuten Zeit, um ein wenig Toilette zu machen. Es klingelte und der Firmenwagen stand vor der Tür.

Herr Z., der Chef einer bekannten Göttinger Orgelbaufirma, ein freundlicher, stattlicher Mann, war selbst gekommen, öffnete ihr die Wagentür, lachte und sie nahm im Fond Platz, wo bereits die Gattin und Hund „Katja“ saßen. Charlotte erfuhr, dass der Gast bereits am Morgen eingetroffen war. Sie hatten zu dritt im Büro gefrühstückt und leider sprachlich keine Verständigungsmöglichkeit gefunden. „Es war schrecklich“, bemerkte Frau Z. „Und wie der Mann schmatzt. Das Abendessen nehme ich nicht mit ihm ein, erfinden Sie für uns für heute Abend eine Ausrede.“
Charlotte nickte. Zwischen ihr und Frau Z. saß der niedliche, übernervöse Minipudel. Tierfreundin Charlotte berührte sehr behutsam sein winziges Pfötchen. „Vorsicht! Er beißt“, rief Frau Z. Doch es war schon passiert. Die Hundezähnchen hatten schon zugeschnappt. „Pfui! Schäme dich“, sagte Charlotte und schaute in zwei schwarze Pudelaugen. Das Pudelchen ließ los und der Chef reichte ihr ein Heftpflaster herüber.
Nun hatten sie die Firma erreicht. Im Büro saß der Italiener, ein schlanker, nachdenklicher Mann mittleren Alters. Charlotte grüßte und wurde vorgestellt. „Gott sei Dank, dass Sie gekommen sind, Signora“, sagte Herr Spina. „Ich warte seit 10 Uhr.“ Sie erklärte ihm, dass sie das Sprachstudium aus Hobby betreibe und von Holzspezialitäten keine Ahnung hätte. „Wir kommen schon klar“, meinte der Italiener, womit er recht hatte.
Der Chef und sein Gast hatten sich eine Menge zu erzählen. Herr Spina legte einen Katalog seiner Arbeiten vor, und die mitgebrachten Modelle waren von außergewöhnlicher Schönheit. Sie wurden handelseinig und der Vertrag kam zum Abschluss. Die Herren waren zufrieden und gut gelaunt. „Ich zeige Ihnen jetzt meinen Betrieb und das Haus“, sagte der Chef und hakte den Neapolitaner unter. Charlotte begleitete sie. In den Werksräumen saßen junge Orgelbauer an ihren

Instrumenten. Fröhlich gingen sie von einem zum anderen. „Ciao!“ Freundliche Grüße wurden ausgetauscht. Der Italiener betrachtete die Orgeln genau, denn sie würden später ins Innere seiner kunstvollen Edelholz-Gehäuse eingefügt werden. Der Neapolitaner hatte sein Maßband griffbereit und notierte sich die Maße. „Arbeiten Sie immer nach Vorlagen?, wollte ein Geselle wissen. Herr Spina verneinte. „Zu Beginn weiß ich noch nicht, wie die fertigen Ornamente aussehen werden, 'lavorando', indem ich arbeite, folge ich meinen Inspirationen“, erklärte er. Die Zuhörer nickten und verstanden. Nach der Besichtigung verabschiedete sich der Chef eilig. Frau Z. blieb unsichtbar. “Herr Spina möge Herrn Z. nun entschuldigen, denn heute Abend warte noch ein wichtiges Arbeitsessen außerhalb auf ihn“, übersetzte Charlotte.
Die heitere, gelöste Stimmung war verflogen. Enttäuschung las Charlotte im Gesicht des Neapolitaners. Niemand lud ihn ein auf ein Gläschen zum Vertragsabschluss und zum Abendessen. War das die deutsche Gastfreundschaft? Der Chef hatte noch ausrichten lassen, er möge im Hotel auf Firmenkosten speisen. Der stolze Italiener lehnte ab. „Ich nehme den Nachtzug“, sagte er bestimmt. Leise bemerkte er zu Charlotte: „In Napoli bieten wir unseren Geschäftsfreunden ein anderes Willkommen.“ Nun fühlte er eine bleierne Müdigkeit. Er war die Nacht durchgefahren und den ganzen Tag auf den Beinen gewesen. Glücklicherweise konnte die Sekretärin eine Platzkarte für seine Rückfahrt im Italia-Express reservieren.
Plötzlich erschien Frau Z. Der Firmenwagen kam und brachte den Italiener zum Hotel, wo er seine Rechnung beglich, dann fuhren sie zum Bahnhof. Die Verabschiedung war so kühl, als hätten die fröhlichen Stunden nie existiert. Als der Chef. Charlotte Schmidt nach Hause brachte, meinte er: „Dass die Italiener so empfindlich reagieren! Bin ich verpflichtet, mit ihm den Abend zu verbringen?“ Dennoch fühlte er, dass sein Verhalten unhöflich gewesen war. Er gab der Frau, die ihren

Nachmittag geopfert hatte, einen kleinen Schein, bedankte sich und meinte: „Hoffentlich sehen wir uns bei einer ähnlichen Gelegenheit wieder." Sie wünschte es auch, aber es wurde nichts daraus. Ein paar Monate später las sie in der Zeitung vom Konkurs der einst blühenden Firma. Sie konnte es nicht glauben und hatte keine Erklärung dafür. Unwillkürlich betrachtete sie die kleine Narbe auf dem Finger, die sie an die Pudelhündin Katja erinnerte.

N a c h t r a g nach 40 Jahren

Sind wirklich schon vier Jahrzehnte vergangen? Charlotte, sie hatte mir ihren Namen geliehen, lebt nicht mehr, ebenso hat uns Hans Mey wegen seiner schweren Krankheit verlassen müssen. Manchmal dachte ich an die Begebenheit, denn zweimal im Monat warte ich vor der Eingangstür zum Sportstudio, direkt Haus an Haus mit jener Göttinger Firma, wo sich diese Geschichte abgespielt hatte. Längst ist die Firma wieder erfolgreich und erlangte im Umkreis einen Bekanntheitsgrad für die Herstellung guter Drehorgeln. Ab und zu höre ich, wie jemand ein Gerät stimmt, ein Lied beginnt, verstummt und nochmals folgt eine Probe, bis die Melodie einwandfrei erschallt. Am 8. Februar traf ich unerwarteterweise einen Künstler mit goldenen Händen, auch er hatte ein Kunstwerk erschaffen, eine bezaubernde Rose auf einer Intarsie, für das Erste Bovender Kaffeehaus als oft bewundertes Emblem *für das Café Nostalgie - das Rosen Café.* Im Sommer werden uns im Kaffeegarten wieder viele bunte Rosen erfreuen! Ob Herr S p i n a in Neapel noch lebt? Mit ca. 85 Jahren wird der Italiener seine Firma in die Hand seiner Nachfolger gelegt haben. Die jungen Orgelbauer, die sich damals wegen der Insolvenz ihrer Firma an anderen Stellen bewerben mussten, einige schulten sogar um, sind vielleicht zurückgekehrt in den Rosdorfer Weg? Glücklich und zufrieden mögen alle leben, in Deutschland und Italien.

*) Mäuschen.

in Rom
von Gerda Steger

Steine schweigen nicht
hör sie erzählen
in archaischen Tönen da
unter dem heißen Asphalt

Stein auf Stein Schicht
Steine schon jahrzehntelang
tragen Erinnerungen
an die Zukunft geschrieben

ein Stück Welt Geschichte diese
Steine verschweigen nichts
hör *Ewigkeit* still
laut flüstern

Fließende Landschaft
von Torsten Krippner

Die blauen Berge fließen
Stürzt zur Erde
Schwebt zu Wolken
Einander sich zu spiegeln

Die blauen Berge fließen
Zehen der Wellen
Steigen heran
Sich tauchend zu ergießen

Gipfel der Wasser schmiegen
Drängen nicht auf
Grenzen nicht ab
Ohne Anfang, kein Versiegen

Der Kongress

von Werner Petrenz

Jedes Jahr findet an einem November-Wochenende der Wirtschaftskongress in einem Münchner Nobel-Hotel statt. Da werden von Wirtschaftsexperten aus aller Welt brennende Gegenwartsfragen diskutiert. Schon am Tag zuvor wird der Tagungsort weiträumig abgesperrt und nur Besitzer von Sondergenehmigungen können in diesen Bereich kommen. Das führt jedes Mal fast zum Zusammenbruch des Verkehrs im Zentrum, womit sich die Bewohner und Passanten zähneknirschend abfinden müssen.

Das letzte Meeting stand unter dem Motto: „Deutschland im Wandel unter dem Einfluss von China, Islam, Brexit, Lexit und Fäxit". Den Eröffnungsvortrag hielt Professor Dr. Dr. hc. mult. Quaglu Dudeldaddeldu von Havard, ein weltbekannter Ökonom, der den Bestseller „Bis hierher und nicht weiter" verfasst hat, der in Millionenauflagen in allen Buchhandlungen der Welt dahinschlummert.

Detlev Jedermann, ein Fabrikant von Reklame-Geschenk-Artikeln und Kunstblumen aus dem schwäbischen Pingelingen, leistet sich alljährlich den Teilnahme-Luxus, weil der steuerabzugsfähig ist und das Unternehmen seiner Imagepflege dient. Außerdem ist er im Gemeinderat der Wirtschaftsexperte. Am Vortag des von der Presse mit Interviews von Beteiligten ausführlich gewürdigten Ereignisses fliegt er nach München und lässt sich von einem Taxi für 150 Euro ins Tagungshotel chauffieren. Dort berappt er 850 Euro pro Nacht im Einzelzimmer und trägt sich zur Teilnahme am Gala-Dinner am nächsten Abend im Silbersaal des Hotels ein. Das kostet 549,50 Euro.

Das 6-Gänge-Menu beginnt mit Austern aus der Bretagne und Meeresfrüchten, Beluga-Kaviar auf Blini. Dann gibt es Hawaii-Hummersuppe. Nach Seezungen-Filet á la Maître de cuisine folgt medium-gebratenes Filet vom trüffelgefütterten Weideochsen aus der Toskana in französischer Rotwein-Sauce.

Schließlich kann man sich noch an italienisch-französischen Käsevariationen und Dolce-Köstlichkeiten delektieren.
An Getränken wird gereicht Champagner Dom Perignon, Zeller Schwarze Katz, Chateau Marton und zum Nachtisch Hennessy Jahrgang 1918.
Leider war das Filet zäh und durchgebraten, der Rotspon weit unter 18 Grad und der Mosel lauwarm.
Anschließend begab sich Jedermann in sein Zimmer, das durch die Klimaanlage untertemperiert war, weshalb er frierend ins Bett fiel. Am nächsten Morgen besänftigte ihn die Höhe des Zimmerpreises, da es einen Leih-Bademantel, kostenlose Badpantoffel, Schuhanzieher, Kamm, Zähneputz-Miniset, Briefpapier, 2 Kugelschreiber und eine Flasche Fachinger enthielt.
Nach dem „Kontinental-Frühstück" ohne Buffet folgte er wieder interessiert den Ausführungen der Redner. Die Bundeskanzlerin war zu einer Stipp-Visite erschienen und hielt eine kurze Ansprache mit Appell an die Einheit Europas. Dann verabschiedete sie sich zu einem Flug nach Ostasien, wo sie in Myanmar zu politischen Gesprächen erwartet wurde. Jedermann gelang es, sie beim Verlassen der Toilette noch zu einem Selfi zu bewegen, bevor sie das Hotel verließ.
Am gleichen Abend reiste er wissensbereichert nach Hause und gab der örtlichen Presse, die nicht beim Kongress zugelassen war, ein ausführliches Interview über den Verlauf. Er ist ja als Gemeinderat Wirtschaftsberater. Nun freut er sich wieder auf den nächsten Kongress.

Glückspilzworte
von Gerda Steger

Frühlingstag im Licht
knospender Blüten lässt
Gedanken wie Schmetterlinge fliegen

und wiegt die grünen Silben
deiner Herzworte mir
wie Blumen gestreut

sterntragende Farbtöne durch
ziehen das Gesicht ent-
falten den Duft der Erde
auf der Glückshaut mir

Liebe Marie von Ebner-Eschenbach

von Renate Düpmann

„Ein kleines Lied“ von dir erdacht,
ganz zart und leicht,
mit Wucht meine Gefühle erreicht.
Beschrieben hast du die Kraft
einer ganz kleinen Melodie,
getränkt mit sehr viel Seele.
Das ist ein Wunder, wie Magie,
Seele findet Seele.

Die Kinderclique

von Peter Zacharias

Da waren sie wieder. Scheinbar ziellos umherwandernde Kinder-Cliquen, die sich durch die engen Gassen der Märkte in Benares schoben: Zwischen den Ständen mit blinkenden Spiegeln und gefärbten Stoffen, Kleidern aus Brokat oder Chinons oder Tischen mit den berühmten indischen Silberwaren, die sich abwechselten mit schimmernden Mondsteinen, tiefblauem Lapislazuli, dann Rubinen und Saphiren. Plötzlich verharrten die Streuner vor einem Essensstand, wo Speisen auf Bananenblättern und Fladenbrot – das Stimmengewirr übertönend – laut angepriesen wurde.

Das war im Herbst 1963. Damals gab es so gut wie keine Touristen. Aber da waren noch einige Engländer, Überbleibsel aus der Kolonialzeit, die sich gemäß ihrer Tradition reserviert verhielten. Hingegen war ich kaum mehr von Einheimischen zu unterscheiden. Ich war durch die Sonne dunkelbraun gebrannt, meine Haut durch den Wind regelrecht gegerbt. Meine Kleidung hatte ich längst gegen Sarong und Benjen eingetauscht – ebenso wie die Hippies. Die hatten mir von ihren schlechten Erfahrungen mit stehlenden Kinderhänden erzählt.

Mir begegneten die Kinder kurz nach einem Wolkenbruch. Sie schienen mir in jener schmalen, vom Regen überschwemmten Gasse helfen zu wollen. Bisher empfand ich ihre Anhänglichkeit als Last. Was konnte ich tun? Ich hätte sie von mich stoßen müssen und sie damit die Härte ihres Daseins noch härter empfinden lassen. „Auf keinen Fall Zuneigung zeigen“, wurde ich mehrmals gewarnt, von denen, die von den Kindern beklaut wurden.

Nun, mein Sarong hatte keine Taschen. Meinen gesamten Besitz hatte Peter bei Jesuiten hinterlegt. Dort im Schulungszimmer, nicht weit von der Kirche, durfte ich auf einer der Bänke nächtigen. Ich hatte Interesse an der Lehre der Jesuiten gezeigt. So erfuhr ich in den Gesprächen mit den Jesuiten, dass St. Ignatius, Lehrer und Gründer ihres Ordens, nicht auf eine bestimmte Lebensweise fixiert war. So gesehen heißt es jetzt anders als in der Bibel: „Nicht an ihren Werken sollst du sie erkennen, sondern an ihren Absichten.“ St. Ignatius hatte die Gotteserfahrung dem bloßen Gottesdienst bevorzugt. Als Wegweiser für den Orden des St. Ignatius gelten die „Exerzitien“. Daraus geht hervor, dass Gotteserfahrung nicht im wörtlichen Sinne gemeint ist, sondern als eine entmystifizierte Erkenntnis dessen, was ursprünglich – jenseits von Gier, Hass und Verblendung – mit Gotteserfahrung gemeint ist. Als Verdeutlichung dieser für mich neuen Sichtweise galt mir das Erlebnis mit den Kindern. Also erzählte ich einem der Jesuiten – einem jungen Spanier namens Fater Fernando – meine Begegnung mit den Kindern.

Diese Begegnung begann mit einem kurzen, aber furchtbaren Wolkenbruch. Für mich war es leicht, in einem der Läden Unterschlupf zu finden. Aber nicht so für die streunenden Kinder. Die Streuner und ich hatten gleichzeitig die stark abfallende Gasse betreten. Sie von oben. Ich von unten. Der Besitzer des Ladens war abwesend und dessen Gehilfe abweisend. Ihm war die Kinderbande unheimlich. „Das sind alles Diebe“, war seine Meinung. Mit Gesten wollte ich ihn umstimmen. Die Kinder verfolgten die Diskussion vor dem Laden aufmerksam. Doch der Hüter des Ladens ließ sich nicht erweichen.

Und als ich kurz darauf meinen Spaziergang bei strahlendem Sonnenschein fortsetzte, umringten mich kleine, bis auf die Knochen durchnässte Lumpenbündel. Neugierig taxierten mich ihre funkelnden Pupillen, eingebettet im Weiß ihrer Augen mit den langen schwarzen Wimpern. Die Farbe ihrer auffallend feingliedrigen kleinen Hände ähnelten jenen vielfältigen Brauntönen von Edelhölzern. So dicht nebeneinander erinnerten sie mich an die Intarsien, wie sie in alten Möbeln zu finden sind. Zu Hause stand ein Nierentisch mit den Münzen, die ich überall als Seemann in der Welt gesammelt hatte. Ich versprach mir fest, bei meiner Rückkehr nach Berlin noch einen Tisch mit vielen kleinen, aus Edelhölzern geschnitzten, Kinderhänden zu bauen. Dann würde ich ein lebenslanges Erinnerungsstück an die Kinder haben, die mich jetzt in den überschwemmten Gassen vor und hinter mich gehend zogen und schoben, als wäre ich ohne sie verloren. An vielen Stellen waren die Gänge so vollständig überschwemmt, dass die tiefen Schlaglöcher für mich nicht mehr zu erkennen waren. Also mussten sie mich ja „retten“. Mich mussten eh und je immer alle „retten“ und somit entmündigen. Aber diesmal war es gut so, als ob sie mich als ihresgleichen verstanden: Ein Habenichts, völlig überflüssig, zu nichts zu gebrauchen. Ich empfand es als Kompliment. Und plötzlich erinnerte ich mich an einen Satz, den er als Junge am Berliner Ensemble hörte, zu dem ihn damals mein älterer Bruder mitnahm: „Die Bedeutenden nehmen langsam überhand. Die Unbedeutenden sterben aus.“

Als die Kinder und ich schließlich durch waren – durch den aufgeweichten Schlamassel – gingen sie lachend und lärmend ihres Weges. Sie drehten sich nicht einmal nach mir um.

Für mich war dieses Erlebnis ein Wegweiser. Ich wusste freilich, dass der gesunde Menschenverstand solche Wegweisungen sofort weginterpretieren würde. Was bliebe, wäre eine Horde Kinder – frierend, nass, hungrig, schutzlos, ungebildet –, die nicht einmal wissen, dass sie nichts wissen.

Und von wegen „mich retten“. Sie trieben mit mir doch nur ihren Schabernack!

Ich hatte wirklich große Angst vor dem Gespräch mit Fater Fernando über meinem Erlebnis. Würde er meine subjektive Wirklichkeit durch objektive Realität vermiesen? Fater Fernando ließ sich nach seinem langjährigen Aufenthalt in Indien kaum mehr von den bärtigen Sanyasins unterscheiden.

Ich war überrascht, dass Fernando sowohl seine Ablehnung einer „objektiven Beurteilung“ billigte als auch „einem anderen Dasein“ zuordnete: „Lass deine Subjektivität nicht unbeaufsichtigt“, entgegnete Fater Fernando mir, „damit du dich nicht in die Irre führen lässt.“ Auf meinen verwunderten

Blick hin fuhr er fort: „Der Drang, wider alle Vernunft, das Dasein zu idealisieren, ist allen Menschen mehr oder weniger in die Wiege gelegt worden. Sonst gäbe es kaum Fortschritt. Damit sich der Drang nicht ins Gegenteil verwandelt, dürfen Ideale nur als Begleiterscheinung gelten. Das beweist die Menschheitsgeschichte. Kriege um Ideale oder höhere Werte werden wohl nie enden. Ideale sind wie Blumen, die welk werden, wenn man sie sich ins Haar steckt."
Doch dann, sozusagen um das alles zu korrigieren, sagte er zu mir ein Wort aus dem Altspanischen, das in den Exerzitien mehrmals auftaucht. Santire – gefühltes Wissen. „Gottes Willen im Gefühl haben", so sagte Fernando. Er fügte noch hinzu, dass dieses Gefühl als Gottesgabe gemeint war, als Gott den Menschen nach seinem Ebenbild schuf. „Santire liegt uns im Blut seit Urzeiten. Statt sie zu suchen wie eine Nadel im Heuhaufen anderer Religionen, reicht schon allein der Blick nach innen. Du willst wissen, was dir dein Erlebnis sagen will? Schau nach innen und lass es sich selbst aussprechen. Rede nicht dazwischen. Und hast du die Antwort, dann vergesse sie schnell wieder. Sie taucht wieder auf, wenn du sie brauchst. Dafür sorgt dein Santire. Dein Santire macht dich einzigartig. Damit du es nicht verlierst, kannst du zwar immer noch vieles mitmachen, aber nichts und niemanden nachmachen. Folge ihm, aber eigne es dir nicht an. Aneignungen verstopfen, füllen ab und machen unbeweglich. Alles Unbewegte ist tot. Bewegung ist Leben. Damit ist erst einmal genug gesagt. Vieles mehr wird sich aber zeigen."
Seine Antwort empfand ich ein wenig so, wie wenn jemandem ein leckeres Gericht vorgesetzt wird. Doch bevor es gegessen wird, wird es bereits abgeräumt. Was der Jesuit da gesagt hatte, warf in mir eine Menge Fragen auf. Doch auf mein weiteres Insistieren reagierte Fernando augenfällig gelangweilt: „Viele Fragen dauern lange. Was lange dauert, wird langweilig. Langes Verweilen ist dem Menschen nicht gegeben." Abschließend fügte er hinzu: „Seid wie Vorübergehende." Mit diesem Wort von Jesu war er dann wieder ganz der Jesuit.

Danach sah ich Fernando nur noch einmal kurz beim Abschied. Aber irgendwie nahm ich ihn doch mit auf meine Reise. Diese sollte von nun an nicht konsumiert werden, sondern auch Lebenserfahrung sein. Ich hatte ja genug Zeit. Fernandos Worte klangen nach. Nachts, wenn ich allein im Zelt lag, beim Trampen oder beim Warten auf die nächste Mitfahrgelegenheit in Richtung Madras. Dort hoffte ich mit meinem noch gültigen Dokument, das mich als Seemann auswies, Heuer zu finden. Auf einem Schiff nach Australien. Es kam aber alles anders. Doch das ist eine andere Geschichte.

Schlaf
von Betti Fichtl

Du Jüngling
der Nacht
mit den Paradiesen
der Träume.

In den Klängen
der Gefühle
lässt Du mich
wandern
durch die Szenarien
im magischen Licht
mit den
bengalischen Feuern.

Sanft schubst
Du mich
aus Deinem Finale
in den Tag.

Welt der Frauen Tag, 8. März

von Heike van den Bergh

Podruschka, Freundin, Genossin Rosa
Du zeigtest uns Wege zum Gehen
Zum Marsch in die Freiheit
Dass Jede eine Wahl hat
Wenn nur die, einen Mann
nicht zu wählen
Der zu selbstherrlich, herrschaftlich,
unterdrückend ist
Du hast gepfiffen auf Nylons und Korsetts
Auch auf das von „KKK“
Du hast dein Pfeifen mit dem nassen Tod
im Landwehrkanal bezahlt
Neben dem Lieben Knecht
„Mädchen, die pfeifen, und Hähnen die
krähen, soll man beizeiten
die Hälse rumdrehen“
- wie ich diese Sprüche hasste in meiner
Jungmädchenzeit
ein Mädchen hat natürlich einen
Damensattel am Fahrrad
so wie früher die Landladies einen
Damensattel auf dem Araberhengst
- wer lehrt uns dann die Herren zuzureiten?

Podruschka, Freundin, Genossin Galina,
Elena, Irina, Esma, Fatma, Kadija, Ruben,
Sarah, Ruth, Lucy, Adja, Stella, Jeanette,
Marie-Claire und Joséphine,
Ihr schenkt und backt Torte und Blumen
zum Weltfrauentag,
stellt Euch ganz frei in die Küche und tobt
Euren hausfraulichen Ehrgeiz
am Backofen aus, im Garten, wo ihr die

Blumen wachsen lasst
und das nahrhafte Gemüse,
das Eure Familie über so manchen Winter
oder Dürresommer brachte,
im Forschungslabor entdeckt Ihr das kleinste
Universum in einem Serumstropfen,
in einer Fabrik montiert Ihr meisterlich
kleinste Dioden zusammen,
in der Schule versucht Ihr, Verstand und
Menschlichkeit in die kleinsten Wesen, ob
männlich oder weiblich,
zu bringen,
auf den Börsen rettet Ihr das Kapital der
Weiblichkeit:
die Sanftmut, die glänzenden Haare, die
seidige Haut, die Sprache von Seele zu
Seele,
die berauschenden Kurven – ganz ohne
Diskussion hören Euch alle Nieten in
Nadelstreifen zu und vermachen Euch ihr
ganzes, nichtiges Kapital, denn Ihr seid die
Investition in die Zukunft dieses einen
Planeten,
auf dem wir alle, Freunde und Freundinnen,
Genossen und Genossinnen, nicht leben
könnten ohne Euch ...

Ein verhängnisvoller Irrtum

Nach einer wahren Geschichte - geschehen in Nairobi
von Gabriele Böhning

Die Erde bebte unter den Hufen der Herde. In wildem Galopp raste sie über die Savanne.
Die Tiere schlossen sich eng aneinander – der Gefahr bewusst. Prächtige Oryx-Antilopen waren es. Und sie wollten überleben. Wie alle Tiere. Wie alle ... Alle Lebewesen haben diesen Drang: Zu überleben.
Die hungrige Löwin blieb gelassen. Die Beute im Visier lag sie ganz ruhig da – geschützt von den fahlen Grasbüscheln, die der Farbe ihres Fells so sehr ähnelten. Ein gutes Versteck. Mit wachsamem Blick verfolgte sie das Geschehen.
Dann der Augenblick, die Chance.
Den gut geschützten Jungtieren galt ihr Interesse nicht. Zu viele Beine. Dicht aneinander gedrängt die Alttiere und zwischen ihnen, gleichsam von einem Wall geschützt, in ständiger vorwärts drängender Bewegung, die Kleinen.
Das hatte keinen Sinn. Doch ein etwas abseits rennendes Tier verlangsamte sein Tempo. Anscheinend war das dazugehörige Jungtier nicht kraftvoll genug, um mitzuhalten.
Diesem wilden Galopp um Leben und Tod.
Immer langsamer wurde die Zweiergruppe. Vergeblich versuchte das Muttertier, das Tempo zu halten. Es hatte keine Wahl. Ihr Kind brauchte es. Es wäre verloren, wenn sie es verließe.

Doch es war auch so verloren, wenn auch mit zweiwöchigem Aufschub.

Das wusste niemand zu diesem Zeitpunkt. Nicht die Antilopen-Mutter, das Kitz nicht und schon gar nicht die gnadenlose Löwin.
Hätte sie ahnen können, was passieren würde? Wohl kaum.
Die Programme der Natur spulen sich ab. Von Genen diktiert.

Unweigerlich. Meistens …

In geduckter Haltung setzte die Löwin zum Sprung an. In rasendem Tempo begann die Verfolgung. Eine notwendige Jagd. Herzlos und grausam in unseren Augen. Die Löwin empfand nur eines: Hunger. Den angeborenen Drang zum Töten. Um zu überleben.

Nicht um Sieger zu sein. Nicht um Macht auszuüben.
Einfach den Hunger stillen. Mehr wollte sie nicht.
Mehr hat der König, die Königin der Tiere nicht nötig.
Überleben, fortpflanzen. Mehr nicht.
Das ist alles.
Erbarmungslos …

Nun rannte sie bereits Seite an Seite mit dem ausgesuchten Opfer.
Nun gab es keine Wahl mehr für die Antilopen-Mutter.
Sie raste. Von Panik ergriffen. Den nackten Überlebensdrang in allen Poren. Die Hufe – stampfende Automaten, die ihren Dienst versahen. Und es gelang. Sie hatte wieder den Schutz der Gruppe. War verschwunden, eingetaucht in den Pulk von Leibern und Hörnern.

Die Löwin wusste, dass sie verloren hatte.
Ihr Kopf wandte sich um. Eine Bewegung. Ein Zittern.
Da stand die Jung-Antilope. Verängstigt. Erstarrt.
Die Löwin war irritiert. Sie näherte sich dem Tier und nahm behutsam Witterung auf.
Das roch anders. Nicht nach Feind.
Es roch nach Jungem, Hilflosem. Nach Schutzbedürftigkeit.
Die gelbliche Farbe des Tieres hatte nichts Fremdes.
Ein schönes warmes Gelbbraun. So gelbbraun wie ein Löwenbaby ...

Das Antilopen-Baby stand da und zitterte. Langsam näherte

sich die Löwin.
Nun standen sie einander gegenüber, sahen sich an. Jäger und Beute. Mörder und Opfer. Von der Natur als Feinde vorgesehen. Rücksichtslosigkeit und Furcht ...
Kein Erbarmen.

Doch es geschah anders.

Ruhig stand die Löwin da. Sie hatte Zeit. Wartete. Oder beruhigte. Ich tu dir nichts, signalisierte sie. Du brauchst keine Angst zu haben. Komm her. Ich schütze dich. Du bist noch zu klein, um zu überleben – so allein. Komm her.
Nonverbal war diese Botschaft. Keine Laute. Nur Bilder von Hirn zu Hirn. Düfte. Kleine beruhigende Bewegungen. Zeichen ...

Das Antilopen-Baby verstand. Es hatte Vertrauen. Das Zittern verebbte und mit kleinen, staksigen Schritten näherte es sich dieser seltsamen Mutter. Folgte ihr.
Sie gingen in Richtung einer geschützten Stelle und ruhten. Beide erschöpft von der Jagd, schmiegten sie sich in das hohe, trockene Gras, das die Farbe der Löwin hatte – und die der Antilope …
Das Kleine suchte die Wärme des großen Körpers und schlief. Auch die Löwin nahm eine bequeme Ruhe-Position ein, legte ihr Kinn auf die mächtige Pfote und schloss die Augen.

Ein Rascheln in der Nähe unterbrach die Stille.

Die Löwin hob das Haupt und erspähte eine einzelne Antilope. Auch das Tier-Baby hatte die Veränderung bemerkt. Es regte sich und folgte dem lautlosen Ruf seiner Mutter.
Ausgehungert und gierig nahm es die Zitzen.
Die Löwin verharrte tatenlos.
Sie blieb liegen und beobachtete das Szenario.
Ihr Kind würde wiederkommen. Das wusste sie.

Das Antilopen-Baby war gesättigt. Nun suchte es wieder den warmen Schutz der Löwin.
Es verließ die Antilope, um sich seiner Ziehmutter zuzuwenden.
Diese leckte ihm sogleich das Fell, blieb danach wachsam.
Wachsamkeit ist oberstes Gebot, um zu überleben.
Jede scheinbar noch so sichere Situation kann sich verwandeln. Sekundenschnell.
Der gelbe Schatten strich lautlos umher, nur ab und zu witternd, in eine bestimmte Richtung. Er hob sein mächtiges Haupt in die Höhe und peilte. Da war doch was. Ein Geruch, der hier nicht hingehörte. Seltsam durchsetzt. Es roch vertraut - die eigene Art, ganz klar - und doch störte da etwas.
Langsam schlich sich das Tier heran. Imposant, mit prächtiger Mähne ausgestattet, näherte es sich immer mehr der kleinen Zweiergruppe, dieser merkwürdigen Mischung, die es nicht kannte.
Aber diesen einen störenden Geruch nahm es nun deutlich wahr: Beute.
Das Bild, das sich ihm bot, irritierte.
Eine Löwin lag da. Mit einem Jungen, einem Tier, das offensichtlich zu ihr gehörte. Aber es war unmöglich. Dieses Wesen roch eindeutig nach Nahrung. Und sein Instinkt gebot ihm das zu erfüllen, was in so einem Fall zu tun war.
Heranpirschen. Zuschlagen.
Die Löwin hatte die Gefahr längst erkannt. Mit aufgerichtetem Kopf, reglos, ganz Anspannung, beobachtete sie das Geschehen.
Sie war bereit zum Äußersten.
Mit wütendem Fauchen empfing sie den Angreifer. Entschlossenheit funkelte in ihren grünen Augen. Das Antilopenkalb verhielt sich reglos, ganz dem Schutz der Ziehmutter vertrauend.
Diese hatte Erfolg mit ihrer Drohgebärde.
Für dieses Mal verzog sich das männliche Tier. Verlor sich in der Steppe.

Die Löwin war nun nervös. Hunger rührte sich in ihren Eingeweiden, doch sie wagte es nicht, das Junge zu verlassen. Mit weit offenen Augen registrierte sie jede kleinste Veränderung in der Umgebung.
Ein leises Rascheln ließ sie hochfahren. Ein erneuter Angriff? Es war die Antilopen-Mutter. Ganz offenbar hielt sie sich in dauernder Nähe, um ihrem Jungen das Genährtwerden zu ermöglichen. Dieses kam auch tatsächlich heran und trank. Aber dann suchte es sofort wieder die Nähe der Löwin.
Dieser fragwürdige Schutz währte viele Tage. Die Löwin wagte immer noch nicht, sich auf die Jagd zu begeben. Das Erlebnis mit dem Löwenmann hatte sich tief in ihre Poren gefressen.
Da saß die Angst. Die Angst um ihr geliebtes Adoptivkind. Diese merkwürdige, widernatürliche Sorge um ein Wesen, dessen erklärter Feind sie eigentlich hätte sein müssen.
Da hatte etwas den Mechanismus gesprengt, das Angeborene einfach ausgeschaltet, abgewandelt zumindest.
„Liebet eure Feinde ..." Das war es sicher nicht. Schon eher: Da ist ein hilfloses Wesen, das wie ein Baby aussieht. Ein artfremdes Baby. - Was soll`s?

Die Eingeweide knurrten mörderisch. Der Hunger begann zu schmerzen. Der letzte Beutefang lag schon lange zurück.
Die Löwin wog ab. War beinahe so weit. Überleben …
Das galt auch für sie. - Ein leises Rascheln. Hoffnung. Ein Beutetier?
Die Löwin war erregt. Beute. Auch die kleinste wäre ihr jetzt recht gewesen.
Der gelbe Schatten war relativ lautlos. Keine Beute also. Höchste Gefahr. Erneut …
Die Löwin blieb. Entschlossen verharrte sie bei dem Kleinen. Es gab keine Alternative. Sie würde kämpfen müssen. Der gelbe Körper ihres Artgenossen war unübersehbar. Eine andere Strategie war erforderlich. Das spürte sie. Hier musste etwas geschehen. Etwas Abschreckendes. Sie erhob sich.

Tauchte den Blick in die Augen ihres Gegenübers, das angriffsbereit knurrte.
Kalt entschlossen.
Die Löwin warf sich gegen den Feind. Ja – das hier war der Feind.
Sie wehrte sich gegen die mächtigen Pranken mit der Kraft der Verzweiflung.
Ein wildes Drohen, Knurren, Schlagen. Aber kein Töten …
Noch einmal hatte sie ihrer Pflicht genügen können. Noch einmal war die Abwehr des Feindes gelungen, des Feindes, der aus ihrem eigenen Lager kam. Eines Feindes, der mit gutem Recht forderte, was ihm zustand. Seine Beute. Das war sein Programm. Und es gab keinen Zweifel:
Er würde wiederkommen.
Zwei Wochen währte die anstrengende Fürsorge. Die Löwin hatte an Kraft verloren. Es war ihr nicht möglich gewesen an sich zu denken, zu jagen, zu fressen. Das hätte den Tod für ihr Ziehkind bedeutet.
Doch ihre Wachsamkeit war ungebrochen. Schon wieder ein Geräusch. Wieder der gelbe Körper.
Wohlvertraut und gefürchtet.
Selbstsicher näherte er sich. Sie standen sich nun gegenüber. Auge in Auge.
Das wilde Fauchen der Löwin verriet Angst dieses Mal. Nicht die wilde Entschlossenheit. Das spürte er.
Unvermittelt sein Sprung. Ein wildes Zucken des Antilopen-Babys. Gezielter Biss. Schneller, gnadenvoller Tod ...

Metamorphose
von Gerda Steger

sieh die Tränen des Himmels
fallen und zerfallen im
Ast der Zeit sie hängen und
Blattgrün wieder treiben immer
wieder sie die Erde benetzen aufs
neu sie kleiden

immerfort im Kreislauf alles
sich dreht und bewegt hör
den Regen wie er blättert auch
dir ins Herz sich singt
das Regentropfenwort:
stirb und werde!

Wenn Tod geliebter Seel'
von Cornelia Gutzeit

Wenn Tod geliebter Seel' zu früh begegnet
und ihr das Leben danach neu geschenkt,
im Dank der kostbar' Segen weiter regnet
und herzerleichternd Glückes Gnade lenkt.

Wenn innerst' Reichtum sich im Außen spiegelt
und höchstes Gut ins wahrhaft' Sein entsiegelt,
das eigene Licht nach allem Bestem stetig strebet,
mit Sinn der Mensch daselbst im hohen Alter lebet.

Wenn Liebe und Freude ureigene Wege säumen
und Herzenswesen ganz auf Gottes Wort vertrauen,
ihr Leben mutig leben und nicht nur davon träumen,
sie machen selbst sich zum Geschenk, worauf sie bauen.

Augenblicke
von Brigitte Hundt

Schöne Augenblicke, minuten- oder sekundenlang sind etwas Wunderbares, bleiben im Gedächtnis, meist für immer. Genauso verhält es sich mit unangenehmen Momenten, die sich eingebrannt haben und - so kommt es mir vor - unendlich lange dauern, kein Ende nehmen wollen.
Diese besonderen Augenblicke tauchen plötzlich auf, ausgelöst durch Situationen, Bilder, Stimmen, Geräusche oder ähnliche Begebenheiten und lösen entweder positive Emotionen aus oder legen unangenehme Erinnerungen bloß und reißen eventuell alte Wunden wieder auf. Jeder geht anders damit um, ob es sich um positive oder negative Momente handelt.

Augenblicke, verdrängt und unvergessen

Nun komme ich zu meinen Augenblicken und möchte davon erzählen.
Vor vielen, vielen Jahren, ich war ungefähr 6 oder 7 Jahre alt, lebte ich mit meinen Eltern auf dem Land und genoss meine Freiheit, die Natur, Wiesen, Felder, kleinen Flüsse und jede Menge Tiere. Ich konnte überall herumlaufen, auch auf der Straße. Autos gab es noch nicht viele und nur die eine Straße, die ins Dorf rein- und wieder herausführte.
Ich ging schon zur Schule, es müssen Ferien gewesen sein, meine Eltern arbeiteten und ich war allein zu Haus. Ich musste einen Auftrag erledigen, einen schlimmen. Weil es auf dem Land jede Menge Katzen gab, gab es auch viele Katzenjunge. Ich sollte nun diese jungen Kätzchen, die die Eltern in einen alten Kartoffelsack gesteckt hatten, töten. Und zwar sollte ich den Sack fest gegen einen Holzpfahl schlagen, dann würden sie schnell sterben. Ich wollte das nicht, nein, wie schrecklich, die armen Kätzchen. Ich musste! Anscheinend wollten meine Eltern mich abhärten, warum taten sie es nicht selbst, fragte

ich mich? Doch damals war ich naiv, schüchtern und ein gehorsames Kind, dennoch sträubte sich alles in mir, das zu tun. „Wir haben keine Zeit, und du musst auch das auch lernen." Ich nahm also den Sack, er war lang, fünf oder sechs kleine junge Katzen waren darin, und ging auf die Wiese hinter dem Haus. Mit zusammengekniffenen Augen - ich wollte es nicht sehen - nahm ich den alten, dreckigen Sack und schlug ihn gegen den Pfahl, traf ihn aber nicht richtig. Schreckliches Gejammer kam von den Kleinen, sie taten mir so leid. Es sollte schnell gehen, ich schlug noch mal, die ängstlichen hohen Stimmen der Kleinen waren schwer zu ertragen. Ich öffnete die Augen, der Sack war fast so lang, wie ich groß war. Ich war verzweifelt, schaffte nicht, die Kätzchen zu töten, setzte ihn ab und weinte. Plötzlich stand ein Arbeiter vom Feld hinter der Wiese neben mir, er muss alles beobachtet haben und erfasste die Situation sofort. „Das muss doch ein kleines Mädchen nicht machen, lass mich mal. Geh zur Seite." Dankbar drehte ich mich weg, ging wohl auch ein paar Schritte nach vorn, ich weiß es nicht mehr, weiß nur, dass ich erleichtert war, diese Arbeit nicht mehr machen zu müssen, und hielt die Ohren zu; wohl nicht richtig, denn ich hörte den dumpfen Schlag und die darauffolgende Stille aus dem Kartoffelsack. Das werde ich nie vergessen.
Noch heute, wenn ich kleine Kätzchen sehe, denk ich an diese schrecklichen Minuten.

Peinlicher Augenblick

Ein sehr unangenehmer Augenblick fällt mir da ein, auch aus Kinderjahren. Unsere Lehrerin machte den Vorschlag, dass wir Zweitklässler den Erstklässlern etwas vortragen und ich sollte dabei ein Gedicht aufsagen. Ich konnte es auswendig und freute mich darauf. Als es soweit war und die Eltern mit den Neuen in der Klasse saßen, hatte ich meinen Auftritt. Die ersten Verse liefen gut, dann wusste ich plötzlich nicht weiter, kein Wort fiel mir mehr ein. Meine Lehrerin lächelte mir aufmunternd zu, doch ich brachte keinen Ton heraus. Ich machte mich ganz steif, um diesen schrecklichen, nicht enden wollenden Augenblick zu ertragen, und guckte starr geradeaus. Gleich muss ich weinen, dachte ich noch. Da erlöste mich meine Lehrerin und meinte: „Das kann vorkommen, es ist die Aufregung. Nicht so schlimm." Oh, wie war das peinlich. Mit hängendem Kopf setzte ich mich hin. Was der Auslöser war, weiß ich bis heute nicht. Später im Berufsleben passierte mir manchmal Ähnliches, kam ich an die Reihe, um etwas zu einer Sache zu sagen, war ich sehr aufgeregt, mein Herz klopfte so laut, dass ich meinte, alle würden es hören, und hatte Angst, die ersten Worte, die ich mir zurechtgelegt hatte, zu vergessen. Nach dem ersten Satz ging es dann flüssig weiter, doch die Anspannung ist bis heute geblieben.

Bewegender Moment

Mein Mann und ich sitzen im Flugzeug auf dem Weg zu unserem Traumziel: Neuseeland. Viele endlos lange Flugstunden liegen hinter uns, wir sind beide erschöpft und müde. Ich gucke aus dem Fenster, da sehe ich zwischen den Wolken ganz klein die Inseln von Neuseeland in braunen und unterschiedlichen Grüntönen vor uns liegen. Weit weg, aber sie sind es. Endlich! Ergriffen fasse ich die Hand meines Mannes und drücke sie fest. Freudentränen steigen auf. „Guck, da unten liegt Neuseeland."

Mein Mann beugt sich herüber und ist ebenso berührt. Bald können wir unser Traumland betreten. Es dauerte aber noch fast zwei Stunden, bis wir in Auckland landeten. Ein wunderbarer Moment, diesen Anblick werde ich nie vergessen. Es sollten noch viele schöne hinzu kommen.

Inniger Moment

Am Heiligabend, kurz vor der Bescherung, kommt mein Mann, wie jedes Jahr schick im dunklen Anzug, strahlend mit

der Sektflasche in der Hand die Kellertreppe hoch (es ist ein offenes Treppenhaus). Wir, unser Sohn, unsere Tochter und oft auch meine Schwiegermutter, sitzen erwartungsvoll da und sehen ihn heraufkommen und freuen uns wie er, denn gleich ist Bescherung.
Dieses besondere Strahlen in seinem Gesicht werde ich nie vergessen und denke immer am Heiligabend daran, auch wenn er nicht mehr da ist. Diesen glücklichen Ausdruck habe ich verinnerlicht und kann ihn jederzeit abrufen.

Augenblicke

von Brigitte Hundt

Augenblicke können uns belauschen
uns berauschen,
erschrecken, erwecken,
erreichen, erweichen,
erfrischen, verwischen,
versöhnen, verwöhnen
ereilen, verweilen
erregen, bewegen
bedrücken, beglücken.

Augenblicke kommen
machen dich beklommen.
Wird dir dabei bang',
dauert's meist nicht lang',
bis der Moment vergeht
und Glück im Raume steht

Augenblicke sind wie Engel,
verweilen kurz,
streicheln uns,
bringen Wohlgefühl oder Leid
und verschwinden.

Lebenswärme
von Anita Angheloiu

Das Leuchten in deinen Augen
ist ein Spiegel, -
mein Seelenspiegel.
Er durchbricht mit seiner Kraft
die Dunkelheit meines Inneren.
Deine Lippen liebkosen
die Tränen meiner Hilflosigkeit.
Dein heißer Atemhauch
erweckt meine Erschöpfung zum Leben.
Dein Gesicht gleicht dem
einer Sonne.
Jedes Lächeln von dir
ist wie ein Sonnenstrahl
und zeigt mir:
Es ist gut, so wie du bist.
Und deine Veränderung
ist auch meine Veränderung.
Denn ich wachse an deinem Leben
zu unserem Leben.
Und irgendwann ist er da,
UNSER Moment:
Du löst deine Hand aus meiner Hand
und gehst alleine.
Doch wenn ich alt und gebrechlich bin,
nimmst du mich wieder an die Hand.
Ich spüre deinen warmen Händedruck.

Lebenswärme.

Mittagsgrill
von Gerda Steger

die Stirn des Himmels sticht
wie tausend Nadeln ins Gestein:
spüre die Glut der Erde
und den Durst der Zeit

sie taumelt, rutscht ins
Sonnenfeuer die Zeit
blutloshungerleer
ihr Atem schweigt

still, die Stille schreit:
die Mittagssonne brütet!

Picknick bei Blitz und Donnerstag

von Maria Edith Ropeter

Edith freute sich sehr, als sie am Sonntag über einen lieben Freund einen Gruß von Helga erhielt. Edith und Helga kannten sich seit Jahrzehnten, obgleich sie sich selten sahen. Immer bestand zwischen den beiden Frauen eine große Sympathie. Als Edith ihre erste Stelle angetreten hatte, war Helga Schülerin; sie wohnten in Hardegsen. Dort lebte Edith mit ihrer Mutter Toni und Helga mit ihrer Mutter. Beide Mädchen hatten ihre Väter sehr früh verloren.

Ediths Mutter und Helgas Mutter waren befreundet, und es war Tradition, jeden Sonntag - auch andere Naturfreunde schlossen sich an und Nicki, der Hund, war stets dabei - gemeinsam auf den Gladeberg hinauf zu wandern. Hardegsen im Solling ist eine grüne Oase.

Gerne nahmen sie ihren Imbiss mit hinauf zu ihren Lieblingsplätzen. Einmal beschlossen sie: dieses Mal würden sie nicht auf Bänken im Wald rasten, es sollte ein richtiges Picknick sein, auf Decken wollten sie sitzen.

Bei ihren Sonntagsausflügen hatten sie stets bestes Wetter gehabt, dieses Mal war es anders. Hatten sie die schwarzen Wolken nicht bemerkt? Unterwegs wurden sie von einem heftigen Gewitter überrascht und sie kehrten um, pudelnass.

Auf ihr Picknick wollten sie nicht verzichten. Toni, Ediths Mutter, schlug vor, im Wohnzimmer Tische und Stühle beiseite zu rücken und die Decken dort auszubreiten. Romantisch waren sie und ließen sich die Laune nicht verderben. Toni verteilte Handtücher und dann nahmen die fröhlichen Wanderer in Tonis Stube auf der Erde Platz und genossen Kaffee und Kuchen. Draußen blitzte und donnerte es, der Himmel war schwarz.

Die Jahre vergingen, Toni und Edith wohnten inzwischen in Holtensen. Helga hatte die Schule beendet und war im Reisebüro angestellt, inzwischen hatte Helga Mario geheiratet und Edith Fritz. Bevor Edith und Fritz auf Reisen gingen,

besuchten sie das Reisebüro am Markt und ließen sich von Helga beraten.
Unerwartet trafen sich Helga und Edith im Klassenzimmer der Volkshochschule Göttingen wieder, um italienisch zu lernen.
Es waren 19 Personen, die sich für *la bella lingua italiana* interessierten und jeder hatte einen triftigen Grund. Helga hatte einen Neapolitaner geheiratet, der in Hardegsen eine Tankstelle betrieb; Helgas Wunsch war, bei Besuchen in Neapel mit der Familie reden zu können. Edith und ihr Mann reisten im Urlaub gern nach Italien und hatten dort Freunde, sie wünschten sich eine gute Kommunikation miteinander.
Mona, die Engländerin, die in Göttingen englisch unterrichtete, wollte aus beruflichen Gründen diese schöne Sprache lernen. Drei Personen wollten in Italien arbeiten. Erika arbeitete im Klinikum und wurde als Übersetzerin täglich an Krankenbetten gerufen. Edith half italienischen Gastarbeitern ehrenamtlich. Die Ehefrau Barbara des Dozenten wollte ihre Kenntnisse verbessern Grund: Familienbande ihres Gatten in Florenz. Die Schülerinnen und Schüler der Göttinger VHS waren fleißig. Der Einstieg war leicht, mit Begeisterung belegten sie nach dem Anfängerkurs den Grammatikkurs, dann Konversation, Zeitungslektüre und schließlich den Zertifikatskurs, der ein halbes Jahr dauerte und im Mai 1981 beendet war.
Gemeinsam schafften die Teilnehmer alle Hürden und schließlich die mündliche und schriftlich Prüfung. (Selbstverständlich wurde oft gejammert ... *oh, so schwer*!)
Erstaunlich, neutrale Prüfer waren aus R o m angereist. Bei der Examensfeier wurden T-Shirts verteilt mit dem Aufdruck: „Dante Alighieri". Und Ingrid teilte sich mit Mona den Hauptgewinn der Verlosung: die Studienreise nach Florenz, dort wohnten sie bei italienischen Familien und besuchten im Urlaub die Schule. Ein paar Stimmen im Hintergrund murmelten etwas von Schummelei, weil .... na, die Lieblingsschülerin I. und ihr Lehrer? War etwas dran am Gerücht? Helga half der

Erfolg, das Reisebüro honorierte ihre Sprachkenntnisse. Privat trafen sie sich im Garten in Holtensen bei einem Grillfest, auch Barbara und Attilio, der Lehrer, kamen gern.
Selbstverständlich „pflegten" sie „ihre Sprache" - in einem vertrauten Kreis, bei Kaffe, Tee und Kuchen und danach lasen sie gemeinsam in kleinen interessanten Lehrbüchern, die so gestaltet waren, dass sich links die Lektüre befand und rechts die neuen Vokabeln. Eine beliebte Art und Weise spielend zu lernen. Sie lasen sogar Alberto Moravias Geschichten.
Nach Jahrzehnten liest Edith diese Bücher wieder - bei langen Omnibusfahrten. Wo sind sie geblieben, die Freunde/Freundinnen von damals? Ingrid zog mit ihrer Familie nach München. Helgas Ehemann nahm eine gut bezahlte Position in Südamerika an und blieb für immer dort, vergaß Familie, Kinder und Enkel ...
Viele sind - wie die Italiener es nennen - „in den Himmel geflogen". *Volato nel cielo*. Leider auch viel zu früh Erika T. Wer lebt noch in unserer Stadt?
Einige Bücher entstanden in jener Zeit, die der Dozent gemeinsam mit zwei Schülern schrieb.
So das Lehrbuch „L'Italiano con simpatia". Und „La Realtä italiana".
Leider gingen sie nach der gemeinsamen Arbeit im Streit auseinander, da der Dozent zwar ein guter Lehrer war, in finanzieller Hinsicht kein Ehrenmann, sondern ein Fuchs und egoistischer Betrüger. Die das gemeinsame Projekt mit ihm geplant hatten, wurden vorher gewarnt von einer, die schlechte Erfahrungen gemacht hatte! Die Warnung nahmen sie nicht ernst; so schlimm konnte es wohl nicht kommen. Es kam aber schlimmer.

Groß war die Freude, als ein lieber Gruß von Helga zu Edith gesandt wurde, plötzlich kam die Erinnerung zurück und sie betrachtete noch einmal die alten Fotos. Ja, und hier sind die Namen jener sympathischen Teilnehmer: „Zeitungsartikel, Italienisch-Zertifikatsprüfung 1981. Diese Gruppe bestätigt

den Erfolg der italienischen Sprache an unserer VHS. Man kann es verstehen, sie haben mit beneidenswertem Erfolg das Zertifikat „Italienisch“ des Deutschen Volkshochschulverbandes erworben und besitzen damit eine international anerkannte Bescheinigung über gründliche Kenntnisse. Edith freute sich über ein ausgezeichnetes Zeugnis. Die Mühe lohnte sich.
Diese Notizen brachte ich zu Papier, weil ich wie 1955 unterwegs von einem heftigen Gewitter mit Blitz und Donner überrascht wurde; in kurzer Zeit war ich pudelnass - trotz Regenmantel und Schirm. Den Kaffee trank ich zu Hause.

Zorbach
von Wolfgang A. Windecker

Tante Schönborn war
Witwe.
Du warst ihr Freund.
Vor langen, langen Jahren
im dörflichen Praunheim
argwöhnisch betrachtet.
Deine Frau war nebst
deiner Tochter per Selbstmord
aus dem Leben geschieden.

Das hast du nie verkraftet.
Mir hast du immer deine
ganze Aufmerksamkeit
geschenkt.
Du hast viel ausprobiert:
Hühnerzucht. Hundezucht.
Aber es war alles nicht
von langer Dauer.
Nur die Idee, Tante
vom Bau vieler Garagen
zu überzeugen
war im Zeichen zunehmendem
Autoverkehrs von
Erfolg gekrönt.
Tante hat noch lange
nach deinem Tod
dein Grab in Bornheim
besucht.

Morgengabe
von Gerda Steger

der Fensterblick: wieder Schnee!
Weiß flockendicht stiebt der Wind
trägt Gedanken Bilder still
leise wie eine leichte Melodie hin
zu dir dieses kleine *Glück*
das verdoppelt sich,
wenn man es teilt,
da wächst zugleich licht
weichweiß der Traum,
in dem jeder Augenblick Liebe
aus sich selbst entsteht,
da steigt die Freudenflut
dir im kargen Winterhaus

Lebenswellen

von Erwin Plachetka

Wir saßen am Baggersee und warfen Steine in das glatte Wasser, schauten den sich bildenden Wellen zu, die sich ringförmig um die Einwurfstelle bildeten. Lange wurde geschwiegen, nur das Einplumpsen der Steine unterbrach die Stille. Joko war der Nachbarjunge aus dem Haus, das unserem gegenüberlag, und Hannelore die jüngste Tochter unseres Hauswirtes. Oft verbrachten wir unsere Freizeit zusammen, waren ein eingeschworenes Dreiergespann, das sich auch mancherlei Blödsinn und Schabernack ausdachte.

In die Stille hinein sagte Joko plötzlich: „Ich werd den Betrieb meines Alten nicht übernehmen." Wir sahen ihn verblüfft an. Sein Vater hatte eine Metall verarbeitende Firma mit einigen Angestellten, eigentlich für ihn eine gute Zukunftsperspektive.

„Ich werde Maler", ergänzte er.

„Also Fassadenpikasso?", fragte ich scherzhaft.

Er grinste. „Nein, so ein richtiger Künstler."

Jetzt mussten wir lachen. „Wie kommst denn darauf?", fragte ich.

Er zuckte mit den Schultern, legte sich zurück und verschränkte seine Hände unter dem Kopf.

„Ich hab noch kein Bild von dir gesehen", bohrte ich nach, „hast du überhaupt Talent dafür?"

„Talent!", stieß er verächtlich aus und wiederholte es noch einmal.

„Ja, aber da muss man doch etwas können", beharrte ich.

„Das werd ich schon noch lernen", sagte Joko mit einer Überzeugung, die ein weiteres Nachfragen verbot.

Wieder schwiegen wir. Hannelore warf nach wie vor Steine ins Wasser, jetzt so, dass sie aufdetschten und mehrmals über das Wasser sprangen. Ich machte es ihr nach, um sie in der Anzahl der Wasserberührungen zu übertreffen. Irgendwann wurden wir dem aber überdrüssig, zumal meine Kiesel träger und fauler zu sein schienen als die von Hannelore.

Ich legte mich schließlich zu Joko, verschränkte ebenfalls die

Hände unter dem Kopf und starrte in den blauen Himmel. „Ich fahr zur See“, sagte ich nach einiger Zeit. Beide nahmen es kommentarlos hin, dass ich meinte, sie hätten es nicht gehört und wiederholte es noch einmal.
„Ist ja gut“, sagte Joko, „wir haben es ja gehört.“
„Und?“
„Was und?“
„Na, was sagt ihr dazu?“
Hannelore zupfte einen Grashalm ab und steckte es in den Mund, sodass es wie eine schmale grüne Zunge herausragte. Dann schob sie es von einem Mundwinkel zum anderen.
„Dann mal ahoi“, kommentierte Joko.
Ich stieß Hannelore an. „Und du?“, fragte ich.
Sie zuckte mit den Schultern. „Weiß nicht“, sagte sie schließlich.
„Du musst dir doch Gedanken über deine Zukunft gemacht haben“, bedrängte ich sie.
Sie spuckte den Grashalm aus. Im Kirschkernweitspucken war sie die Beste von uns Dreien. „Ich heirate reich und sauf den ganzen Tag Champagner“, kicherte sie.
Wir stimmten in das alberne Gekichere ein.
Die Sonne brannte mir auf der nackten Haut. Ich kniff die Augen zusammen und versuchte in den Feuerball zu blinzeln. In der Schule hatte man mich einen Lügner gescholten, weil ich behauptete, durch dünne Wolken Sonneneruptionen beobachtet zu haben. Unser Erdkundelehrer entrüstete sich, das könne man nicht und ich würde hier Unwahrheiten erzählen. Dabei war ich mir sicher, dass ich von einem wahren Erlebnis berichtete. Ich wagte aber nicht zu widersprechen und ließ die Schmach über mich ergehen, da alle Klassenkameraden über mich lachten.
„Ne, ehrlich“, nahm ich den Gesprächsfaden wieder auf, „was willst du nach der Schule machen?“
Hannelore hob wieder einen Stein auf und warf ihn so weit sie konnte in den Baggersee. „Weiß nicht. Vielleicht irgendwas Kaufmännisches.“

„Wie langweilig“, stöhnte Joko, „etwas Kaufmännisches! Vielleicht bei Schimmel an der Wursttheke?“
„Arschloch!“, grummelte Hannelore. „Nein, irgendwo in einem piekfeinen Büro.“
Der angehende Pinselakrobat und ich schwiegen, grinsten uns einen. Und ich amüsierte mich in doppelter Hinsicht. Zu meiner Rechten lag der neue van Gogh und links neben mir eine zukünftige Sekretärin, die ihrem Chef den Kaffee kochte. Und ich? Zur See wollte ich fahren. Wie mein Vater in jungen Jahren. Über alle Weltmeere die Freiheit genießen, fremde Länder und Kulturen kennen lernen. In jedem Hafen eine hübsche Braut.

Und was ist aus unseren Träumen geworden? Joko hat nach dem Abitur seinen Ingenieur gemacht und mittlerweile den Betrieb seines Vaters erfolgreich übernommen. Dazu hat er geheiratet und drei Kinder gezeugt. Von einem bin ich der Patenonkel. Hannelore hat tatsächlich einen kaufmännischen Beruf erlernt und sich mit einer Boutique in der Innenstadt selbstständig gemacht. Hin und wieder, wenn ich mal wieder in meinem Heimatort bin, besuche ich sie in ihrem Laden. Auch sie ist verheiratet und hat zwei Kinder.
Zur See bin ich nie gefahren. Höchstens mal auf einer Fähre. Aber ich bin der Kunstmaler geworden. Angestachelt von Jokos Idee, habe ich an der Kunstakademie moderne Malerei studiert. Male obsessiv wie ein Besessener mit durchschnittlichem Erfolg. Mal verkaufe ich ein Bild und kann in Saus und Braus leben. Mal verkaufe ich kein Bild und nage sprichwörtlich am Hungertuch. Keine Frau hat dieses Leben an meiner Seite lange ausgehalten. So bleiben mir nur die Staffelei, Farbe und Pinsel, um meinem Leben einen Inhalt zu geben.

Kleine Welt
von Renate Düpmann

Wenn ich durch meinen Garten gehe,
ist es als ob das Glück mich umwehe.
Die großen alten Bäume
muten wie Wächter an.
Anmutig, zart, voll Farbe
schicken die Blumen Träume.
Verzaubernde Geschenke der Natur,
mal der Sonne entgegen rankend,
oder ein Plätzchen im Schatten findend.
Jede Pflanze hat hier ihren Platz.
Dieser Reichtum ist ein großer Schatz.
Ein Garten ist ein kleines Stück Welt,
in dem der Mensch mal inne hält.
Dort ist unsere Seele der Schöpfung nah,
unsere Verbundenheit mit ihr
und uns ganz wahr.

Besucher
oder: Was bleibt, ist die Hoffnung
von Wolfgang R. Strauß

Der Himmel zeigt sich hellblau und klar.
Es weht ein leichter, sanfter Wind, der die zarten Blätter von gesunden Bäumen streichelt.
Die Luft riecht herrlich frisch, da noch vor wenigen Minuten ein feiner Regen die Erde befeuchtet hat.
Schmetterlinge, Bienen und Hummeln fliegen über satte Wiesen.
Sie flattern und fliegen von Blume zu Blume, von Blüte zu Blüte.
Vögel jubilieren, musizieren. Das Zwitschern, kleine Pausen ausgefüllt durch das Summen der Bienen und Hummeln, entwickelt sich zu einem wundervollen Konzert.
Friedvoller Atem ist weit und breit zu spüren.
Langsam lauter werdend sind andere Töne zu vernehmen.
Es sind die Stimmen von zwei sich nähernden Gestalten.
Nun sind sie gut, also deutlich zu verstehen.
„Hast du gestern Abend auch die Nachricht von dem neuen Mitglied erhalten?“
„Nein. Warum fragst du?“
„Deine Meinung über die darin gemachten Aussagen würde mich interessieren.“
Eine der beiden Gestalten reicht der anderen ein Gerät.
„Bitte lese den Text. Er ist aber wohl nicht für uns verfasst worden.“
Durch den etwas stärker werdenden Wind lässt sich die so gebetene Gestalt nicht stören. Sie liest.

*

Die Menschen werden mehr und mehr.
Bei den Tieren passt sich die Vermehrung der Verfügbarkeit von Nahrung an.
Die Evolution sorgt (eine Überbevölkerung ist von ihr nicht vorgesehen) für ein Gleichgewicht.

Sie lässt also nicht zu, dass Lebewesen (Tiere) sich zu stark vermehren.
Wenn der Mensch, so wie er heute existiert, allein ein Ergebnis der Evolution wäre, so würde es die Gefahr einer möglichen Überbevölkerung (Menschen) nicht geben.
Die Ausdrucksweise „Fressen und gefressen werden" trifft nicht nur auf die Tierwelt zu.
Der Mensch kann sich nämlich vor Raubtieren lediglich durch den Einsatz seiner Technik (hier: Waffen) schützen. Rein körperlich ist er ihnen unterlegen.
Die Evolution sorgt dafür, dass kranke (und schwache) Tiere getötet und gefressen werden.
Der Mensch aber verfügt über Ärzteschaft, Medikamente und Krankenhäuser.
Im Hinblick auf Krankheiten sind Tiere nicht dazu in der Lage, sich zu helfen, da der evolutionäre Prozess das nicht zugelassen hat.
Die Medizin ist eine sehr positive Errungenschaft des Menschen, die ihm Heilungschancen gibt.
Sie kann auch anderen Lebewesen im Rahmen der Tiermedizin eine große Hilfe sein.
(Sie ahnen bereits, was mit diesem Text versucht werden soll? Sie halten aber schon den Beginn der Herangehensweise an das Thema gar für verfehlt? Auch dann sollten Sie weiterlesen. Bitte.)
Wenn an den Begriff Tier gedacht wird, so verbirgt sich dahinter eine Unzahl von Lebewesen, deren körperliche Merkmale und deren Fähigkeiten sich sehr extrem voneinander unterscheiden.
Es gibt eine überaus große Anzahl von Arten und innerhalb der einzelnen Arten wieder eine zum Teil äußerst große Vielfalt.
Ein Tier, ein Säugetier hat sich ***als einziges Lebewesen*** *in besonderer Weise weiterentwickelt: Der Mensch hat* ***als einziges Lebewesen*** *die Fähigkeit zum umfassenden Denken.*
Er verfügt über Geist.
Dieser ist aber von Mensch zu Mensch unterschiedlich ausge-

prägt.
Es kann somit beim Menschen auch von einer Vielfalt gesprochen werden.
Nämlich von der Vielfalt geistiger Fähigkeiten.
Diese haben mehr oder weniger starke Auswirkungen auf das Verhalten.
Bei den Tieren wie beim Menschen (Säugetier) werden Geninformationen weitergegeben.
Das gehört zur evolutionären Entwicklung der Körper.
Der Mensch **als einziges Lebewesen** *ist in der Lage, auf diese Informationen bewusst einzuwirken.*
Er verändert das Erbgut von Pflanzen und Tieren.
Das ist ein unnatürlicher und damit kein evolutionärer Prozess.
Ein derartiger Eingriff unterstreicht die geistigen Fähigkeiten des Lebewesens Mensch und kann durch die gegen das Wirken der Evolution gerichtete Zielsetzung als eine Art Beweis gelten, dass auch die Entwicklung des Menschen nicht allein durch die Evolution erfolgte.
Unter den Tieren herrscht Gewalt (naturgemäß). Bei den Menschen gibt es ebenfalls Gewalt.
Zu den Unterschieden soll hier lediglich darauf hingewiesen werden, dass der Mensch durch sein Denkvermögen diese oft in schlimmerer Form (beispielsweise Folter) und weitaus größerem Ausmaß (Kriege) ausführen kann und auch ausführt, obwohl er doch durch eben dieses Denkvermögen dazu in der Lage sein müsste, schmerzhafte Gewalt zu vermeiden.
Viele Tierarten ermitteln durch Rangkämpfe einen Anführer.
Bei den Menschen gibt es verschiedene Formen der Auseinandersetzung.
Ausgeprägter Machtwillen einerseits und ein gewollter Glaube an oft fragwürdige Versprechungen andererseits führen auch da, wo freie Wahlen möglich sind, dazu dass als führende Personen nicht selten Menschen ermittelt werden, die eigentlich aufgrund der Fähigkeit zum Denken nicht hätten gewählt werden dürfen.
Was das menschliche Denkvermögen anbelangt, sollte es

beispielsweise totalitäre Systeme gar nicht mehr geben, weil diese nur die negative, im Grunde noch tierische Seite des Menschen aufzeigen.
Leider existieren derartige Systeme aber nach wie vor.
Die gesamte Tierwelt mit ihren zum großen Teil nahezu unglaublich hervorragenden Eigenschaften
(Beispiel: Symbiose) ist ein wunderbares Ergebnis evolutionärer Prozesse.
Tiere zeigen unterschiedliche Fähigkeiten, die auf Intelligenz schließen lassen.
Der Mensch aber ist, was die Intelligenz, was den Geist und somit auch das bereits erwähnte Denkvermögen betrifft, auf der Erde unerreicht.
Die Entwicklung des Menschen ist ***einmalig****.*
Es existiert eine Unzahl von verschiedenen Lebewesen auf der Erde.
Der Mensch, ***als einziges Lebewesen****, kann sich ohne Körpereinsatz mithilfe selbst entwickelter Technik an Land, auf dem Wasser und in der Luft fortbewegen.*
Der Mensch, ***als einziges Lebewesen,*** *kann in den Ablauf evolutionärer Prozesse eingreifen und Veränderungen bewirken.*
Der Mensch, ***als einziges Lebewesen,*** *entwickelt Roboter, die durch künstliche Intelligenz (KI) von Mal zu Mal leistungsstärker werden.*
Der Mensch, ***als einziges Lebewesen der Erde****, dringt in den Weltraum vor.*
Der Mensch, ***als einziges Lebewesen****, kann viele, sehr, sehr viele Dinge, die alle, wirklich alle anderen Lebewesen dieses Planeten nicht können.*
Der Mensch ist im körperlichen Bereich (Säugetier) ein Ergebnis evolutionärer Entwicklung, *n*icht aber im geistigen Bereich.

*

Die beiden Gestalten blicken sich an. Es wird nicht mehr gelesen.

Nun sind aber erneut ihre Stimmen zu hören.
„Es wurde künstliche Intelligenz genannt. Vielleicht wäre der Versuch einer Beweisführung für den Menschen, dass er nicht nur durch die Evolution, wie er oft meint, zum Menschen geworden ist, noch klarer gewesen, wenn auch noch die künstliche Befruchtung, zu der er imstande ist, Erwähnung gefunden hätte."
„Das kann sein, denn auch sie ist, wie die Bezeichnung schon sagt, nicht natürlich."
„Richtig. Evolutionäre Prozesse sind natürlich. Auch die Verhinderung der Empfängnis durch das Einnehmen von Pillen widerspricht dem eigentlichen Wirkungsfeld der Evolution."
„Ja. Übrigens wurde die Medizin im Text, den wir erhielten, erwähnt."
„Das stimmt. Auch die Fähigkeit des Menschen in evolutionäre Prozesse einzugreifen wurde dort genannt. Das hätte aber noch deutlicher herausgestellt werden können, denn ein solcher Eingriff stoppt doch den Verlauf, der von der Evolution angestrebten Entwicklung. Der Mensch meint, dass er ein Produkt dieser Evolution, so nennt er ja die naturgeschichtliche Entwicklung, sei. Und diese Evolution lässt es zu, dass ein von ihr geschaffenes Wesen ihr den Schaffensprozess, wenn auch nur in Teilen, abnimmt, Veränderungen durchführt? Die Menschen schaffen, wie eben wieder angesprochen, künstliche Intelligenz, sie nennen diese kurz KI. So wie die Evolution nicht mehr Herrin des nach menschlicher Sicht von ihr geschaffenen Produktes zu sein scheint, so kann es später diesem Produkt, also dem Menschen, auch mit der von ihm geschaffenen KI ergehen. Die Menschen haben sich noch viele Fragen zu stellen."
„Sie sind aber in geistiger Hinsicht trotzdem etwas Besonderes."
„Ja, auf der Erde. Dort ist ihre Entwicklung tatsächlich einmalig."
Ein Rotkehlchen hat sich auf einen der kleinen Zweige eines

in der Nähe stehenden Strauches gesetzt. Es hält das Köpfchen leicht schräg und scheint zuzuhören.
„Übrigens hatte mich die Bitte, weiterzulesen, etwas gewundert.“
„Na, vielleicht sollte eine vorschnelle Meinungsbildung vermieden werden.“
Der kleine Vogel fliegt davon. Das Gespräch ist noch nicht beendet.
„Der Planet Erde wird noch lange existieren. Aber wie lange es noch Menschen dort geben wird, ja, das ist schwer vorauszusagen. Es sind dort häufig Menschen, ich nenne sie tierische Menschen, an der Macht, die falsche, teils grausame Entscheidungen treffen. Es ist bei ihnen, was das Anführen betrifft, nicht selten so, wie bei den wirklichen Tieren. Und das darf bei den Menschen nicht sein. Die friedlichen und die klugen Geister werden zu wenig gehört. Denen, die lautstark mit einfachen Aussagen und falschen Versprechungen locken, wird geglaubt. Ihnen wird dann gefolgt. Auch, und das ist schlimm, gibt es noch zu viele Menschen, nein, auch tierische Menschen, die sogenannte Autokraten unterstützen, um ebenfalls ihre Machttriebe ausleben zu können. Diese Autokraten und ihr Gefolge müssten grundsätzlich als verachtenswert erklärt werden, damit das Unheil, was sie anzurichten imstande sind, endlich für immer überall auf dem Planeten Erde vermieden werden kann.“
„Ja, das stimmt. Die Gier nach Macht und Reichtum, die Gewalt und die Unvernunft sind bei den Menschen leider verbreitet. Auch treiben sie Raubbau an der Natur und verschmutzen diese.“
„Das ist furchtbar. Sie sind dabei, ihre eigenen Lebensgrundlagen und schon lange die anderer Lebewesen zu zerstören. Es ist nicht zu verstehen. Die Menschen haben doch Geist.“
„Ja, sie haben ihn bekommen und auch genutzt. Aber nur selten richtig. Gewalt, Gier und Unvernunft. Hoffen wir für sie, dass sie das noch rechtzeitig überwinden.“
„Das wäre gut. Es könnte sonst sein, dass sich die Menschen

selbst aus dem Paradies, so möchte ich den Planeten Erde jetzt nennen, vertreiben."

*

Es hat wieder angefangen zu regnen. Die Tropfen reihen sich zu Bindfäden aneinander und werden so zu einem glitzernden Kleid aus kostbarem Wasser.
Herrliche Farben sind zu entdecken: Ein wunderschöner Regenbogen zeigt sich am Himmel.
Nur leise und daher schwer sind noch zwei Stimmen zu vernehmen.
„Hast du es eben auch gehört? Es klang wie helles, glückliches Kinderlachen."
„Ja, ein kleines Menschenkind hat damit seine Freude über das Farbenspiel zum Ausdruck gebracht."
„Hoffentlich erlebt es eine gute Zukunft."
„Wir wollen im Interesse der Erdenmenschen die Hoffnung nicht verlieren."
Am Horizont sind unter dem Bogen zwei schwarze Punkte zu sehen, die plötzlich ganz verschwinden.
Langsam verblassen die Farben und beginnen eins zu werden mit dem Blau des Himmels.

unsere Stimme
von Gerda Steger

Schmach oder Charme wir
Sardinen immer im Schwarm
trinken das Licht der Meere
den widerspiegelnden Himmel
er leuchtet in uns
in blauen Räumen spielen
flitzen zielgerichtet wir
fliegen wie Pfeile die
in Wellenwände zielen
und wissen nichts vom kommenden
Tag gebündelt atem los dort
an der Küste der Sehnsucht wir
in der Sardinenbüchse stranden

Worte der Erinnerung
von Renate Düpmann

Wärme berührt alle Sinne,
Worte der tiefen Liebe,
geschrieben vor langer Zeit.
Träume flogen noch weit.
Der Schmerz und das Glück
spielen in einem Stück.
Der Brief in deiner Hand,
flicht ein ewiges Band.

Die Liebe hat Bestand.
Sie nimmt Deine Hand,
verjagt die Schatten der Nacht.

Abendrot
von Betti Fichtl

Purpurne Schleier
zieren den Himmel
fallen auf die Erde nieder
entzünden die Wiesen
wie in wunderbar Feuer
funkeln rot im silbernen See.

Zerrinnen dann
in den Gestirnen
purpurne Schleier
des Abendrots.

Ein Brief aus einem Township
von Anita Angheloiu

Deine dunklen Augen schreiben einen Brief.
Sie erzählen mir deine Geschichte
von deiner Sehnsucht:
vom Leben in einem Haus mit Steinen
aus Liebe und Geborgenheit,
aus Fenstern von Freiheit
und einer Tür, die immer offen steht
für alle Nationen,
ganz gleich, ob meine Hautfarbe
schwarz oder weiß ist.
Und aus einem Dach aus Frieden
mit einem großen Garten,
der genügend Nahrung gegen deine Einsamkeit birgt.
Von einem Brunnen, der den Durst deiner Seele
nach Gleichberechtigung und Anerkennung stillt.
Und von Bewohnern mit einem Rückgrat,
die die Lasten anderer noch mittragen können
und mit ihrer Herzenswärme deine Tränen trocknen.

Ich schreibe dir zurück:
Ich baue mit dir dieses Haus
und helfe dir beim Tragen.

Der listenreiche Odysseus

von Annette Glanzer-Fischer

Versunken in fernen Zeiten las sie in ihrem Buch, las hastig, um so viel wie möglich in sich aufnehmen zu können, schluckte die Worte in sich hinunter, um sie nicht wieder hergeben zu müssen. Sie hatte sich in der Toilette im 2. Stock eingesperrt, da noch keine Saisongäste gekommen waren, sie da oben noch herrlich allein war. Die ganze Etage stand noch leer, müsste wohl bald geputzt und für die bevorstehende Saison vorbereitet werden. Zumindest für zehn bis fünfzehn Minuten würde sie ihre Ruhe haben, würde sie bleiben können, fernab und sicher vor den nörgelnden Augen der Mutter, die sicher längst die nächste Aufgabe für sie wusste.

Überall am Hof hatte das Mädchen ihre Bücher versteckt, hatte wunderbare Plätze gefunden, an denen sie unauffällig in ihnen weiter lesen würde können. Karl May lag in der Küche hinter dem Holz versteckt, ihren ersten Hemingway hatte sie ins stets geschlossenen Fenster der Toilette im ersten Stock gesteckt. Im 2. Stock lagen die griechischen Heldensagen und die römischen Legenden versteckt, von denen niemand etwas ahnte, wohl auch keiner in ihrer Familie je etwas gehört hatte. Sogar im Heustadl hatte sie zwei Bücher liegen, eines lag im Korn versteckt und das andere hatte sie zwischen die leeren Mehlsäcke gelegt.

Ihre Besessenheit, ihr Liebe zu Büchern, hatte sie früh zur Außenseiterin gemacht, zur Besserwisserin, zur Altklugen. Für die anderen hatte das Lesen keinen Stellenwert, war bedeutungslos, reine Zeitverschwendung. Beim Versuch, ihrer jüngeren Schwester von ihren neuen Entdeckungen zu erzählen, reagierte diese stets gelangweilt, hielt sich die Ohren zu, wollte nichts hören. „Ich will nicht zuhören müssen!“ Verwundert über die Angst der Schwester vor den vielen neuen Worten, vor der Flut von Erlebnissen, von denen sie ihr so gerne Bericht erstattet hätte wollen, behielt sie schließlich ihre

Entdeckungen für sich, verschloss sie tief in ihrem Inneren wie einen kostbaren Schatz.

So las sie meist in vier oder fünf Büchern gleichzeitig, lernte früh, flexibel zu sein, lernte. Das dreizehnjährige Mädchen war eine begeisterte Leserin, träumte sich weg in ferne Welten, kämpfte gegen einäugige Riesen, befand sich mit Odysseus auf der Heimfahrt nach Ithaka, litt mit Penelope, holte mit Jason das goldene Vlies. War sie kurze Zeit nicht auffindbar und die jüngeren Geschwister unbeaufsichtigt oder sie hatte gar eine ihrer vielen sonstigen Pflichten vergessen, dann gellte gleich der Ruf der Mutter hinter ihr her, riss sie aus ihren Abenteuern, holte sie zurück in die Wirklichkeit.

„Kathariiinaaaaa, wo steckst du schon wieder?“ „Ich komme ja schon!“ Ertappt zuckte das Mädchen zusammen, steckte Odysseus wieder in ihr Geheimfach, stolperte rasch nach unten, um wieder einmal heftig gescholten zu werden. Zack, hatte sie auch schon eine Ohrfeige sitzen, als sie die Mutter in die Finger bekam. Diese, unfähig, ihre Frustration in entsprechende Worte zu kleiden, die verbale Auseinandersetzung zu suchen, schlug gerne zu, reagierte sich so gerne ab, um dann erbost davonzurauschen. „Geh sofort bügeln!“, brüllte sie Katharina noch zu, die gedemütigt und still zurück geblieben war.

Das Mädchen verstand nicht, warum man sie nicht lesen lassen wollte, warum ihr Verhalten falsch sein sollte, da sie doch wusste, dass Kinder anderer Eltern zum Lesen angehalten, ja förmlich genötigt wurden, dass andere Eltern ihre Kinder dazu aufforderten, doch endlich ein Buch in die Hand zu nehmen. Sie nahm mutlos die Bügelwäsche an sich, ein riesengroßer Korb sollte rasch bearbeitet und weggeräumt werden. „Stell die Milch auf und mach das Abendessen!“ Und schon hatte es den nächsten Befehl gehagelt, prasselte er wie ein Unwetter auf sie nieder. Sie würde sich beeilen müssen, um den Wünschen der Mutter Genüge tun zu können, um nicht wieder

Ärger mit ihr zu bekommen.

Sie vertiefte sich in ihre Arbeit, nahm Stück um Stück aus dem Korb, bügelte sehr sorgfältig, doch in Gedanken war sie wieder bei Odysseus, dem Listenreichen, der mit seinem Geschick den Trojanischen Krieg entschieden hatte, der in jeder Situation einen Ausweg wusste, einen Rat parat hatte, bewundernswert.

Kickers Offenbach
von Wolfgang A. Windecker

Mit den Karbach Brothers
den Bieberer Berg gestürmt.
Leidenschaft auf den Rängen,
Kampfgeist auf dem grünen Rasen.
Obsthändler Canellas,
als Präsident und Geldgeber.
Der Sumpf des Bundesliga-Skandals.
In den siebziger Jahren
zauberten Held, Kostedde und
Hickersberger auf dem Rasen.
Im Hintergrund Hermann
Nuber, das große Idol
der sechziger Jahre.
Potente Geldgeber fehlen in diesen
Tagen - Zwangsabstiege
in die Regionalliga.
Doch die Fans träumen,
träumen, träumen …

Integration

von Dorothea Karguth

„Signora, prego, Signora, Pipi!“ Zwei rußverschmierte kleine Burschen standen vor der Wohnungstür, unruhig von einem Bein auf das andere wippend. Was war geschehen? Noch schwängerte kalter Rauch Hof und Nachbarhütte und verkohlte Balken versperrten den Weg zum Plumpsklo. Ein Gastarbeiter-Ehepaar aus der Türkei war untergebracht worden in einem Gebäude, das einst wohl als Stall diente. Einen deutschen Kohlenherd hatten sie in ihrem anatolischen Dorf nicht gekannt, außerdem waren die Holzscheite feucht. Es dauerte unendlich, und die alten Leute froren. Warum nicht nachhelfen? Im Hof stand ein Kanister mit Inhalt, noch vom Vermieter. Gesagt, getan, doch es gab eine Explosion und die Räumlichkeiten standen im Nu in Flammen. Nicht nur ihre, auch die beiden Räume einer sizilianischen Familie hatten etwas abbekommen. Das heißt, das sogenannte Schlafzimmer mit den weiß getünchten Wänden war noch bewohnbar.
Drei Buben im Alter von vier bis zwölf Jahren lebten hier mit ihren Eltern, die beide berufstätig waren. Signor Conte war Vorarbeiter auf dem Bau und seine Frau füllte halbtags Lackdosen in dieser badischen Stadt. Zur Schule konnte nur immer einer der Söhne gehen, abwechselnd, einer musste Salvadore, den Jüngsten, hüten. Hübsche bunte Pullover trugen sie, wohl aus der Heimat, aus Catania, drei davon hingen immer auf der Leine zum Trocknen. Hatte die Oma, die Nonna, ein Paket geschickt, gab es frischen Ziegenkäse und Pani, selbst gebacken. Makkaronis und Tomatensauce waren ihre Lieblingsspeisen, wie konnte es anders sein.
Nun allerdings mussten sie in einem offenen Vorraum auf zwei elektrischen Kochplatten das Essen zubereiten, die Wohnküche katte zu viel vom Brand abbekommen. Auch die zwei gebrauchten Fahrräder mussten nun ins Schlafzimmer. Gewaschen wurde sich draußen an der Pumpe. Es war Oktober, noch ging das. Die Feuerwehr hatte nach und nach

den Hof passierbar gemacht, und bei schlechtem Wetter konnten die Buben ja auch mal bei uns spielen oder ihre Schulaufgaben machen. Aber wie soll das nun weitergehen? Sie brauchten dringend eine winterfeste Bleibe! In den 60er Jahren gehörte das Vermieten von Räumlichkeiten noch zum „Weißen Kreis“; der Vermieter unterlag keinerlei Gesetzlichkeiten und konnte Wuchermieten verlangen, von Ausländern sowieso. Wer war zuständig für diese Menschen?
Zwischenzeitlich war es November geworden, Signor Conte quälte sich mit Magengeschwüren und Cento Italiano hatte, außer einem Kindermantel und DM 10,-, nichts für die Familie übrig. Tuberkulose herrschte damals, 1968, noch in unserem Land und aufwachsende Kinder in diesen desolaten Wohnverhältnissen waren gefährdet. Aber auch das Gesundheitsamt zog nur die Schulter hoch und wusste keine Abhilfe. Was nun, hier musste bald was geschehen! Auf dem Wohnungsamt drückte man mir eine Liste von zusätzlichen deutschen Wohnungssuchenden in die Hand. Es war der reinste Hohn!
Der Zufall wollte es, ich bekam einen Artikel der Badischen Nachrichten in die Hände. Es war der ausführliche Bericht des Brandes in der Nachbarschaft. Ja, das war es, die sollten sich dieses Chaos hier drei Monaten danach mal anschauen! Wir machten einen Termin, und Antonio nebst Bruder Mario bekamen die Aufgabe, Ordnung zu schaffen und tüchtig zu lüften. Geschirr musste gespült werden und der Eimer mit dem Schmutzwasser entleert, auch hatten sie saubere Pullover anzuziehen. Schweigend begutachtete der Journalist alles, was noch im Argen lag. Er notierte sich meine erfolglosen Bemühungen bei den verschiedenen Ämtern, hinterließ mir seine Telefonnummer und versprach baldige Abhilfe,
Ich konnte es kaum glauben. - Das Wochenende verging, Signor Conte koche sich Kamillen-Tee und Concetta brachte Ziegenkäse von Nonna aus dem sonnigen Süden. Da klingelte plötzlich das Telefon. Die Badischen Nachrichten baten mich mit Signor Conte auf das Stadtamt, sie hätten möglicherweise etwas für die Familie Conte. Ich traute meinen Ohren nicht. -

Etwas verlegen, um Entschuldigung bittend, standen die Stadtväter dann vor uns, man wollte auf keinen Fall noch mehr öffentliche Kritik in der Presse, wie einst gewesen. - In die Karlsruher-Straße fuhr man mit uns, und da stand sie, eine winterfeste Baracke: drei Zimmer, Wohnküche und funktionierendes WC. Der sizilianische Familienvater schaute sich ungläubig um. Die Wände waren mit Zeitungspapier dekoriert, aber das ist kein Problem, meinte er. Mit seinen Buben würde er das schon ändern können. Es wurde kontrolliert, ob Wasser und Strom vorbanden waren und der Ofen nebst Herd einen guten Abzug zeigte, - alles perfekt. Fragenden Blickes schaute mich Signor Conte an, wer sollte das alles bezahlen? Ein Polier auf dem Bau verdient nicht so viel, und fünf Menschen wollen jeden Tag satt werden. Ich versuchte mich einzuschalten, und fragte nach der monatlichen Miete dieser *konfortablen* Bleibe, im Vergleich zu dem Stallgebäude, das sie mit DM 180,- monatlich zu zahlen hatten. Hatten wir richtig verstanden? Ungläubig fragten wir nach. Es waren DM 58, die zu begleichen wären. Was für ein Unterschied. Wie sollte er das seiner Concetta erklären? Er konnte es kaum fassen. Drei Jahre arbeitete er nun schon in Deutschland, um endlich eine richtige, bezahlbare Wohnung für seine Familie zu bekommen.

Dem Himmel sei Dank. Mille, mille grazie! Manchmal muss man sich einfach öffentliche Hilfe holen.

Unter freiem Himmel
mit M. Theodorakis
von Renate Düpmann

Langsam kroch der Abend heran
wir lauschten den Klängen und dem Gesang
bis einer nach dem anderen stand
eine Hand die andere fand
und wir den Sirtaki tanzten.

Musik die nah, ganz nah
gemeinschaftlich betörend war
eine fremde Hand – keine fremde Hand
glückliche gelebte Stunden
in der Erinnerung gefunden.
vielen Dank Herr Musikant

Mein Reißverschluss und ich

von Sonia Stokowv-Deutsch

Ein Häkchen. 2 Häkchen. 3 Häkchen. 4 Häkchen. 5 Häkchen. 6 Häkchen. 7 Häkchen, 7 Häkchen, äh, wie denn nun? Noch mal von vorn.
1 Häkchen auf der linken Seite. 2 Häkchen. 3 Häkchen, 4-5-7-8-9-10-11… 24, 23, 23, verdammt. Noch mal von vorn, aber diesmal die rechte Seite: 1-2-3-4-5-6-7-8-9-10-11 … 42-43-44-45-45-47 …
Will doch mal nachzählen, wie viele Häkchen mein Reißverschluss hat. Ich stelle mir vor, ich gehe in ein Kaufhaus, in die Weißwarenabteilung, was für ein schönes Wort und so sauber, und sage zu der natürlich unterbezahlten Aushilfskraft: „Bitte, ich hätte gern einen Reißverschluss mit 3745 metallenen Häkchen in schwarz."
Was würde ich wohl an ihrer Stelle machen? Vermutlich würde ich mich kurz zu den Reißverschlüssen umdrehen, einen heraussuchen, einen metallenen schwarzen und würde bedauernd sagen: „Ich habe nur einen mit 6798 Häkchen, aber man könnte ihn ja kürzer schneiden. Das würde gern unsere hauseigene Schneiderei übernehmen. Es dauert drei Tage und kostet einen Aufpreis." Ach, waren das noch Zeiten, als sich die Verkäuferinnen noch um einen kümmerten und auch noch Spaß verstanden. Jedenfalls manche und zu denen hat man immer wieder den Weg gefunden. Ja, ja, die Welt ist um so vieles ärmer geworden. Aber ich besitze einige farblich unterschiedliche und auch häkchenmäßig ziemlich verschiedene Reißverschlüsse. Hab ich mal angeschafft, als das Kind noch klein war. Will sie jemand?

Das letzte Zusammentreffen mit meinem Reißverschluss fand mit ihm bei mir vor ca. zehn Tagen statt. Ich wollte die neue schwarze Seidenhose für ein Essen mit Freunden anziehen.

Und dazu eine zartrote Bluse, die wie ein Minikleidchen wirkt. Und damit ich nicht erfriere, eine lange leichte schwarze Strickjacke darüber. Ach, dabei fällt mir ein. die muss ich noch rasieren. Zwei Streifen an den Armnähten entlang und schon gibt der Apparat den Geist auf? Nah warte! Frische Batterien rein und los geht es wieder. Huch, jetzt hab ich mir ein nettes Loch neben die Naht geschoren. Auch noch nähen. Ungeschickt lässt grüßen! Aber ich wollte ja von meinem neuesten Reißverschluss berichten. Bei ihm gibt es keine Häkchen. Auf beiden Seiten greifen Spiralen ineinander. Denkste. Nach ca. 8 cm stoppt er und geht weder vor noch zurück. Und ich stecke in der Hose. Als ich ihn vorhin ohne Inhalt ausprobiert habe, lief er wie geschmiert. Was nun? Ich habe vor und zurück gezottelt und gerupft und gezerrt und hin und her gerissen und gewütet und geschrieen und dann hatte ich ihn wieder unten. Unter Verlust eines Fingernagels. Widerliches Gerät! - Selber Schuld. Die Weihnachtsgans ist noch nicht lange her. Also Bauchwegunterhose angezogen. Damit lief er leicht stotternd über die unnötigen Wellen. Bis ganz oben hat er es nicht geschafft. Der Schwächling! Macht nichts. - Ziehe ja die Minikleidchenbluse über die verräterischen Beulen.

Zauberglut
von Gerda Steger

Gedankenblitze irrlichten Innen
Räume mir erleuchten:

das Auge sieht Himbeer
Himmel über Gefühlsgirlanden und
Windflutworte blanke Blätter färben

ich brenne, trinke Augenblicke,
ich trinke den Traum der
mich lebt und erhebt

hör, die Erzader singt
vom Salz meines Seins,
vom (ge)dicht schreibendem Licht:
ist Dienst an den Bildern!*

* *H. Hesse*

Die Eindringlichkeit der Worte

von Wolfgang R. Strauß

Es ist regnerisch und kühl, obwohl die Natur, was an den noch grünen Blättern der Bäume zu erkennen ist, sich noch nicht für den bunten Herbst bereit gemacht hat.
Sie wirkt nachdenklich, die junge Frau, die auf einen Grabstein blickt, auf dem nicht die üblichen Daten zu sehen sind, sondern lediglich der Vorname „Hein“ eingraviert ist.
Blumen hat sie dort nicht abgelegt, das hat sie zuvor bei einem anderen Grab getan. Drei Sonnenblumen waren es gewesen, denn die hatte ihre Freundin, die vor drei Jahren für immer eingeschlafen war, so gerne gemocht.
Jedes Mal, wenn sie die Freundin besucht, geht sie auch am Grab von „Hein“ vorbei. Und jedes Mal bleibt sie dort kurz stehen und erinnert sich an die Worte, die ihr ein Freund des Verstorbenen, den sie traf, kurz nachdem der Stein aufgestellt worden war, gesagt hatte.
„Hein war ein wenig anders“, so begann er ein Gespräch mit ihr, als er, der später dort eintraf und sie am Grabe stehen sah, ihren fragenden Blick spürte. „Aristoteles, Borchert und Goethe“, fuhr er fort. „Die hatten es ihm, wenn ich das so ausdrücken darf, angetan.“ Danach versuchte er, ihr die mögliche Denkweise seines Freundes zu erklären.
Dieser habe, wenn er davon sprach, was er sich kaufen wolle, oft ein Zitat von Aristoteles, nämlich „Was es alles gibt, das ich nicht brauche!“, erwähnt. Und, wenn er dem Freund erzählte, dass er wieder einen Flug nach Übersee gebucht habe, reagierte Hein in der Weise, dass er wohl im Denken an Goethes „Erinnerung“ sagte, „Warum in die Ferne schweifen? Sieh, das Gute liegt so nah.“ Wenn sie aber, so erzählte er, über die nach wie vor geführten, grausamen Kriege sprachen, zitierte Hein immer, beginnend mit den Worten „Sag NEIN!“ aus dem letzten Werk von Wolfgang Borchert, dem Manifest gegen den Krieg „Dann gibt es nur eins!“
Der Blick der jungen Frau ist nicht mehr auf den Grabstein

gerichtet, sondern gleitet hinüber zu dem breiten Weg, der zur Kapelle führt. Dort, mit Stolz erhobenen, silbergrauen Kapuzenköpfen trippelt ein Dohlenpärchen entlang.
Sie muss kurz schmunzeln, denn das Bild, das sich ihr so bietet, lässt sie daran denken, dass sie am frühen Abend einen guten Freund wiedersehen wird.
Erneut sind sie im Gespräch vertieft, während sie zum Bahnhof gehen. Er möchte seinen Zug noch erreichen. Davor saßen die junge Frau und ihr Freund in einem gemütlichen Café. Dort hatte sie ihm von Hein erzählt.
„Die Menschen lernen leider nicht aus der Vergangenheit", sagt er. „Ich glaube auch nicht, dass sich das ändert. Schaue dich in der Welt um, es gibt, so wie dieser Hein sagte, doch noch immer Kriege. Nur die Angst vor den fürchterlichen, weiter und weiter entwickelten Waffensystemen verhindert einen neuen Weltkrieg. Formen von Gewalt, vereinzelt gar Gewaltverherrlichungen kommen auch in den Gebieten vor, in denen es größtenteils Wohlstand und vor allem Frieden gibt. Auch bei uns. Es ist nicht zu begreifen, nicht zu verstehen".
Er legt seinen rechten Arm um sie und spricht weiter. „Ich finde es gut, dass du dir vorgenommen hast, am Weltfriedenstag deinen Schülern Texte von Wolfgang Borchert, auch und gerade `Dann gibt es nur eins` nahezubringen. Es sind Worte, die eindringen können, wenn sie vorgelesen, vorgetragen, gesprochen werden. Deutlicher und damit klarer kann ein Aufruf, der zugleich Mahnung ist, nicht sein. Weltweit sollte dieser Ruf wieder zu hören sein. Nicht nur am Weltfriedenstag."
Nun sind sie am Bahnhof angelangt. Die dunklen Wolken über dem Gebäude öffnen sich und geben einen Teil des klaren Nachthimmels frei. Einige leuchtende, glitzernde Sterne sind zu sehen.
„Der Blick zu den Sternen gibt mir die Hoffnung, dass die Menschen es doch irgendwann lernen, ihre Probleme friedlich zu lösen", flüstert die junge Frau.
Sie schauen zur Bahnhofsuhr. Noch haben sie Zeit.

September Mond
von Heike van den Bergh

Deine blutrote Frucht am Himmel lässt meine Seele wallen,
ziehst mich langsam in sehnsuchtsvolle Fernen,
und während auf Nebelfeldern die Schreie der Krähen hallen,
mache ich mich voll Nostalgie auf die Reise zu den Sternen.

Der Wind in den Weiden mit leidvollem Flötenton pfeift,
und während ich dir zu den Zielen unserer Träume folg',
mein Blick über die Landschaft voller Früchte schweift,
aus der Erde erhebt sich Gesang und Wispern vom kleinen Volk.
Faunen und Elfen tanzen den Abschiedstanz
auf das Sommerlicht, die Abende in lauer Luft,
ich gebe mich der Saudade* hin und folge ihr ganz,
wie sie leise mit trister Stimme nach mir ruft.

In allergrößter Sommerhitze bin ich dir nachgefahren,
per Anhalter, mit dem Bus und mit der Bahn,
stets wollte ich unser Sommerglück in einer Glaskugel bewahren,
doch es stellte sich heraus als mein eigenster Liebeswahn.
Unsere Liebe war vorbei schon, bevor sie begann,
nur suchen konnte ich dich, aber nicht finden,
der Sand in der Uhr uns zwischen den Händen zerrann,
ich musste den unvermeidbaren Abschied verwinden.

Nur die Tasche voll Muscheln und Meeresduft habe ich behalten,
das Bild, das ich mir von dir machte statt einer Fotografie,
und während im Regenwasser meine Füße erkalten,
erfüllt mich diese tiefe Melancholie.
Es sind die Altweiberfäden vergangener Träume,
die als Gespinst sich legen über meine Gedanken,
sie bringen die braungefärbten, blattlosen Bäume
ebenso wie meinen Gang zum Wanken.

Septembermond, nimm mich mit auf die Reise,

hilf, auf die andere Seite des Sommers zu fliegen,
auf eine zauberhafte, unendliche Weise
werden du und ich ganz nah am Meeresstrand liegen.

* Saudade (portugiesisch): Sehnsucht nach dem Geliebten, einem anderen Leben, Fernweh, Heimweh

Nebelelfen

von Sieglinde Seiler

Wenn am frühen Morgen
graue Nebelelfen tanzen,
ist der Spätherbst eingekehrt.
Feucht umarmt der Nebel
die Bäume und Pflanzen,
die er jetzt öfter morgens beehrt.

Der Herbst verliert nicht
mehr aus trüben Augen
seinen Auftrag vom Vergehen.
Doch vorher will er noch
die letzten Rosenblüten
mit Tautröpfchen verziert sehen.

Eines frühen Morgens
wird der Raureif Blüten
in unterkühlten Händen halten.
Unter seinen frostigen
Eiskristallen können sich
die Rosenblüten nicht entfalten.

Frühzeitig besiegelte der
Winteranfang ihr Schicksal
mit einem frostigen Morgenkuss.
Unter der Sonne tropfen
ihre dicken Tränen herab –
ihres Blühens trauriger Schluss.

In einem fernen Land

von Brigitte Hundt

Einen langjährigen Wunsch, einmal nach Nepal zu fliegen, habe ich mir vor vielen Jahren erfüllt. Mein Mann wollte nie dorthin, 'Schroffe Berge, Felsen, Buddha, viele Götter, nein, mochte er nicht hin'. Auch der Himalaja interessierte ihn nicht. Ich dagegen war fasziniert davon und buchte diese Reise ein Jahr, nachdem mein Mann verstorben war. Ganz alleine fliegen wollte ich nicht so gern, trotz geführter Reise, und fragte meine Tochter. Es war nicht unbedingt ihr Reiseziel, doch tat sie mir den Gefallen und kam mit.
Im Oktober ging es los. Kurz vorher, am 11. September 2001, geschahen die schrecklichen Terroranschläge in New York und Washington. Gebucht hatte ich ein viertel Jahr vorher und wollte die Reise nicht rückgängig machen, obwohl der Flug auch über Afghanistan ging, woher einige Attentäter kamen. Ich freute mich so auf dieses Land und hoffte, dass nichts passieren würde. Wir landeten auch heil und etwas müde in Kathmandu. Endlich konnten meine Füße diesen Boden berühren, ich war sehr bewegt. Allen Passagieren wurde zur Begrüßung ein gelber Seidenschal umgelegt. Ich habe ihn noch.
Das Hotel war gut und der erste Ausflug in eine berühmte Geschäftsstraße von Kathmandu mit unserer Reiseleiterin war aufregend. Es wimmelte nur so von Menschen, knatternden Mopeds und Radkarren, auf denen auch Tiere transportiert wurden und Essensstände. Alle möglichen Gerüche vereinten sich hier. Wir mussten auf den Weg achten und ihn uns merken, denn das nächste Mal konnten wir allein diese Straße, es war eher eine breite Gasse, besuchen. Der Rückweg zum Hotel war einfach: Über die Hauptverkehrsstraße, dann die nächste kleine Straße rechts rein. Wir sollten nur rechtzeitig zurückgehen, weil es abends ab 18.00 Uhr plötzlich schnell dunkel wird, so der Tipp unserer Reiseleiterin. Meine Tochter und ich gingen also noch mal dorthin und guckten und

staunten, dann machten wir uns auf den Rückweg, da es bald 18.00 Uhr war. Über die breite Straße kamen wir gut, dann wussten wir nicht mehr genau, ist es diese kleine Straße, die gegenüberliegt oder die nächste daneben? Wir entschieden uns für die zweite und gingen los. Das Hotel muss gleich auftauchen, dachte ich. Tat es aber nicht. Es wurde dunkel und die Häuser waren uns fremd. Kein Mensch, den wir hätten fragen können, war zu sehen. Da bin ich nun in dem geliebten Land und am ersten Tag schon verloren, so meine Gedanken. Und meine Tochter habe ich auch noch in diese Lage gebracht. Es wurde dunkler, es gab keine Laternen, die paar Häuser waren kaum zu sehen. Ich hatte Angst, dass wir überfallen werden, wir hatten Geld dabei und die meisten Nepali sind sehr arm. Kein Mensch würde uns hier finden, solche Gedanken schossen mir durch den Kopf. Wir machten uns gegenseitig Mut und hofften, einen Menschen zu treffen, den wir fragen könnten. Niemand war zu sehen, endlich, da hinten kam jemand. Hoffentlich spricht er auch Englisch! Er verstand uns überhaupt nicht, guckte uns nur verwundert an und verschwand in der Dunkelheit. Wir müssen es allein versuchen, sagten wir uns, irgendwo in der Nähe muss das Hotel doch liegen. Es kam noch eine Person, ein Mann, er bemerkte unsere Verzweiflung und erklärte in schlechtem Englisch, was wir aber verstanden, wir stünden hinter dem Hotel, dort drüben sei ein kleiner Weg, der führe uns dorthin.
Wir bedankten uns und fanden trotz der Dunkelheit den unscheinbaren Pfad, der direkt auf den Parkplatz des Hotels führte. Sehr erleichtert kamen wir in der Hotelhalle an. Erstaunlicherwweise waren wir dem Ziel sehr nahe, wussten es nur nicht.
Das waren minutenlange, angstvolle, schreckliche Momente, die ich nie mehr durchleben möchte.

Wir sollten noch mehr bedrückende, auch angstvolle Augenblicke erleben, doch viele schöne überwogen und bleiben für immer in mir.

nacht dunkel
von Gerda Steger

*du, weißt du, wie ein Rabe schreit**
wenn Blitze die Wolkenwand erleuchten
die Landschaft in Flammen steht?

weißt du, wie die Nacht dann
ihr Gesicht verliert, sie kreideweiß
ins rabenschwarze Auge sieht nichts

nur die steigende Flut der Dunkelheit
inmitten eines Trümmerfeldes sie
Stunden sterben spürt

weißt du, wie ein Licht grünt
wenn im tiefsten Winkel Schatten
mäandern herzzerreißend

hungerschön ein Stern ihr winkt
in die Hände fällt du
weißt, wie süßwarm dann
(d)ein Nachtkuss schmeckt!?

* *Selma Meerbaum-Eisinger*

Leuchtend bunter Herbst

von Sieglinde Seiler

Anmutig zeigt der Oktoberherbst
sein farbenfrohes Blättergesicht.
Die bunten Blätter dürfen strahlen,
liebkost vom warmen Sonnenlicht.

Besonders die Abendsonne legt
auf Herbstblätter warmen Glanz.
In ihrem späten Licht treffen sich
Mücklein zum herbstlichen Tanz.

Das Auge genießt die Schönheit
der Blätterpracht im Sonnenlicht.
Sie feiert ihr allerletztes Leuchten,
das jähe Vergehen vorm Gesicht.

Rinder im Herbst

von Susanne Voigt

Na los! Auf geht`s!
Mist, die hauen ab!
Verdammte Scheiße!
Na wartet, ihr kommt mir nicht davon!
Der Viehtransporter stand am Zauntor bereit. Neben dem Tor war die Tiertränke. Dort hielten sich immer Rinder auf. Nun schleppten sie sich weg. Weiter oben lagen Rinder im Gras. Ihre Kiefer schoben sich kauend von rechts nach links. Ein Mann im grauen Kittel und mistverschmierten Gummistiefeln kam mit einem Knüppel auf sie zu.
Hoch hier! Na wird`s was!
Die grasfetten Rinder erhoben sich, drängten höher auf die Weide. Auf dem Feldweg entlang der Weide spazierte eine Frau mit dicker Kapuzenjacke. Sie blieb stehen, sah zu den Rindern, zu den Männern. Einer schlug mit dem Stock auf ein Rind ein. Das Rind ließ seinen Schwanz in der Luft kreisen. Andere Männer schimpften.
Muh … Muh …
Mehr Männer, mehr Schritte, mehr Stockschläge, mehr Rindergebrüll. Die Frau krallte ihre Kapuze über die Ohren. Sie ging weiter.
Später kam die Frau auf dem Feldweg entlang der Weide zurück. Sie blieb stehen. Ihre Haare wirbelten im Wind. In der Weide hörte sie die Herbstblätter still tanzen.

Herbstlied

von Susanne Voigt

Noch schnell raus, bevor es dunkel wird.
Die Frau schnappte ihre Kapuzenjacke und zog sie hastig an. Ihr gefiel der Herbstwind. Sie überließ ihm ihre Haare und er blies ihr frische Luft in die Nase. Sie ging zum Feldweg, der an einer weiten Weide vorbei führte. Die Frau sah einen grauen Viehtransporter. Ihre Schritte wurden kleiner, langsamer, zaghafter. Sie sah, wie sich Tiere von der Tränke entfernten. Dumpfe Männerstimmen hämmerten in ihren Ohren. Sie blieb stehen, sah zur Weide, zu den Rindern, zu den Männern. Ihre Augen verengten sich, sie presste die Lippen aufeinander und zog die Kapuze über beide Ohren, dann wandte sie sich ab, ging weiter und begann zu singen.
Später kam sie zurück, sah die leere Weide und ging mit gesenktem Kopf nach Hause.

Schneeloser Winter
für Peter
von Torsten Krippner

Kahler Krähenlaut Geäst
Knorrig wild geschwungen
Sogar ohne Schnee
Alles fremd

Mauern grau entblättert
Eingepackte Menschen
Sich wiederfindend seitab
Ihrer Gemeinsamkeit

Vielleicht ruht noch ihre Seele
Sich selbst überlassen
Wie die kühle Nacktheit
Entlaubter Natur

Wolken dahinziehend
Leiden - schaffts - los und:
Hast Du nicht gesehen?
Rollend jäh die Sonne
Ist wieder alles anders
Immer wieder anders

Mitten im ganz normalen Alltagsleben

oder: Wie man aus einer Maus einen Elefanten macht
von Maria Edith Ropeter

Am Stadtrand von Göttingen in dörflicher Umgebung stellte der Mann seinen PKW ab. Er hatte für seine Firma einen Auftrag zu erledigen, nämlich die Überprüfung von einigen Adressen. Wie es schien, gab es in Häusern Schwarzseher, die zwar am TV-Programm teilnahmen, dennoch keine Gebühren zahlten.
Er läutete in einer Gasse in einem Haus. Ein rundlicher Herr, ca. 45 Jahre mit einem Mecki-Haarschnitt, öffnete die Tür. Jener Revisor selbst mochte ca. 55 Jahre alt sein, er war vollschlank, wenig gepflegt und das Atmen fiel ihm schwer. Knallrot das Gesicht. Der Jüngere und der Ältere sprachen miteinander im Treppenhaus jene Sache betreffend, doch der Jüngere hatte einen gültigen Vertrag bei der Firma, die der Revisor vertrat. Der jüngere Mieter, der unter der Frau in der oberen Etage wohnte, rief nun zur Treppe hinauf, dass die Frau herunterkommen möge: „Ein netter Herr der Fa. V. will mit Ihnen sprechen!"
Der Revisor sagte zur Mieterin, dass sie ihre TV-Gebühren nicht bezahle. Dem setzte die Mieterin entgegen, dass sei falsch, ihre Gebühren würden abgebucht. Der Revisor hatte noch dies und jenes zu bemerken; die Frau empfahl dem Mann, sich mit ihrem Vermieter in Verbindung zu setzen, und sie nannte ihm die Adresse. „Es wird sich als ein Irrtum herausstellen", erwiderte sie dem Unbekannten.
Der stieg ins Auto, um den Vermieter aufzusuchen. Inzwischen wollte die Frau den Revisor beim Vermieter ankündigen, doch das Geschäftstelefon war besetzt. Als der Revisor die Adresse erreicht hatte, ergab sich mit ihm, dem Vermieter und seiner Familie eine heftige Diskussion.
Angeblich hätte er, der Revisor, am Briefkasten in jener Straße zwei Namen entdeckt, die keinen Vertrag hätten. Das Besondere war hier die Feststellung, dass am Briefkasten die „zweite

Adresse“ nur für den Einwurf für Künstlerpost gedacht ist, d. h., hier liest man einen Künstlernamen. Jene Bezeichnung ist identisch mit dem Namen des Vermieters, der im oberen Teil des Ortes wohnt und seine TV-Gebühren zahlt. Der Revisor und die beiden Herren im oberen Dorf stritten sich so gewaltig, dass die Wände wackelten und zufällig Anwesende erschraken. Zur vernünftigen Einigung bzw. Abklärung kam es nicht; schließlich verwies der Vermieter den Revisor, der uneinsichtig blieb, des Hauses und drohte mit der Polizei.
Nach diesen aufregenden Ereignissen erhielt die Mieterin im unteren Haus Anrufe des Vermieters; nun ging es darum, festzustellen, wer den unbekannten Drücker überhaupt ins Haus hereingebeten hatte?
Der Herr aus der Parterrewohnung, der mit dem Mann fachsimpelnd im Flur stand und vom Revisor gern Ratschläge annahm seinen Fernseher betreffend, gab dem Vermieter in der oberen Adresse an, er hätte den Herrn nicht ins Haus hereingelassen. Fragen über Fragen ? Bleibt nur die letzte Wahrscheinlichkeit, es wird der Haus-G e i s t gewesen sein, der hier öfter für Unruhe sorgt, der dem Unbekannten Einlass gewährte. Jener hört manchmal sogar das Gras wachsen!
Da er bisher unsichtbar blieb, konnte er bis heute nicht befragt werden. Der Vermieter in der oberen Adresse ärgerte sich; mit mehreren Telefonaten in höherer Instanz bei jener Medienfirma hat er sich beschwert. Ist nun Aufklärung nah? Bleiben wir gelassen bis zur nächsten Aufregung ... Ach, der Mieterin, die höflich mit dem Unbekannten sprach, eine Lösung suchte, bescheinigte man *Blauäugigkeit und mangelnde Menschenkenntnis* ...! N a ! Und das im Frühlingsmonat Mai!

Winterträume
von Sieglinde Seiler

Der Winter zeigt sich
mit verzuckerten Bäumen,
denn es ist seine Art,
jetzt festlich zu träumen,
während Glocken
am Christbaum funkeln
und die Nacht sich
lange sonnt im Dunkeln.

Lustig tanzen lässt er
weiße Schneeflöckchen
und gibt der Natur
schneeweiße Röckchen.
Mit zarten Eisblumen
verziert er die Scheiben,
und vergnügt sich
weiter mit Schneetreiben.

Er krönt mit Raureif
des Waldes Tannenäste,
schmückt sie schön
bis zum Weihnachtsfeste.
Die Bäume strahlen
fast wie die Kinderaugen,
die sich an Kugeln
und Kerzen festsaugen.

Das Mädchen Friede und der sprechende Baum

Es war einmal ein Menschenkind, das über die besondere Fähigkeit verfügte, eine Stimme zu hören, die von anderen Menschen nicht gehört werden konnte.
Immer vernahm es, ein Mädchen, die Stimme aus den Stämmen von Bäumen.
Der Name des Menschenkindes war Friede.
Es wird erzählt, dass sich das erste Erlebnis wie folgt zugetragen haben soll:

Mehrere Kinder stehen vor einem großen Baum.
Jedes erkennt an einer Stelle der Rinde ein anderes Muster.
Die Kinder streiten.
Sie schimpfen und sie schubsen sich gegenseitig.
„An der Stelle sehe ich einen großen Mund", sagt ein Mädchen.
„Nein, nein, es ist nur die Oberlippe", erklärt ein anderes Mädchen.
Die beiden glauben, den Mund oder lediglich die Oberlippe des Mundes von einem Baumgeist zu sehen.
„Nein, es ist das Auge eines einäugigen Riesen", ruft dagegen ein Junge.
Ein weiterer Junge meint, dass doch nur die Augenbraue zu sehen sei.
Während die anderen Kinder noch streiten, hört Friede plötzlich eine ihr fremde Stimme.

Sie wundert sich sehr, denn es ist der Baum, der zu ihr spricht.

Unsere Arme,
die ihr Äste nennt,
wachsen himmelwärts.
Sie strecken sich ihm entgegen.
Dem Himmel entgegen.
Jeder Ast,
jeder Zweig

hat seine eigene Sicht.
Alle spüren die große Kraft,
die große Macht,
die dort im Himmel wohnt.

Noch hört Friede den Baum.
Er sagt ihr, dass auch jedes Kind seine eigene Sicht hat. Jedes Kind darf *glauben*, was es zu erkennen meint.
Es handelt sich um *eine* Stelle in der Rinde, die nur anders gesehen wird.
Es gibt auch nur *einen* Himmel.
Nicht allein die Äste und Zweige eines Baumes, sondern alle Bäume sehen ihn anders.
Der große Baum dort anders als der kleine Baum hier.
Die kleine Tanne anders als der große Laubbaum.
Aber alle strecken sich ihm entgegen.
Dem Himmel entgegen.

Friede schüttelt den Kopf.
Es kommt ihr vor, als würde sie mitten am Tag träumen. Sie lauscht. Aber die Stimme hört sie nun nicht mehr.
Nur noch ein leichtes Rauschen des Windes, der die Blätter bewegt.
Die Menschenkinder sind still.
Sie spüren, dass Friede etwas Besonderes erlebt hat.
Diese streckt jetzt die Arme dem Himmel entgegen.
Die anderen Kinder machen es Friede nach.
Wunderschön ist es, alle so vereint und friedlich zu sehen.

Friede lächelt.
Es ist ihr, als hätte der große Baum doch noch einmal gesprochen.
Als hätte er die Worte
So ist es klug,
so ist es gut
gesagt.

Wärme im Winter
von Renate Düpmann

Die Kälte legt sich aufs Gesicht,
die Sonne hat heute kein Gewicht.
Es ist so eisig, bitterkalt,
ich will nach Hause, möglichst bald.
Ich lenke meine Schritte immer weiter,
in meinen Gedanken ist nichts heiter.
Jetzt bin ich am Waldrand angekommen,
vor Kälte schon fast ganz benommen.
Ich schließe die Augen,
da sehe ich dich.
Du stehst im gleißenden Licht,
genau hier an diesem Ort.
Ich will gar nicht mehr fort.
Du bist wie die Sonne für mich.

Lied ohne Worte …

(Dichtung und Wahrheit)

von Gerda Steger

Der Tag blaut. Sein Blick blüht im Flügelwind. Er fliegt, fliegt immer im schwarzen Frack. Jetzt fliegt er den Rhein entlang und sucht sie. Die Liebe!
In einem Blumengarten sieht er sie.
Schwarze Schönheit – zwitschert es in ihm, und seine Augen halten sie fest. Hier, im grünen Versteck der Bäume, will er satt sich sehen an ihr. Eine kleine Weile stiller Beobachter sein. Nur 10 Meter entfernt von ihr.
Sie in regungsloser Haltung, als ruhe sie in sich selbst. Gleich einer Statue im grüngefädelten Licht.
Nun schwingt er sich zu ihr. Da federt es schwarz, federleicht im Flug
*Ra…krijäh…kräh…kra…*schreit sich aus seiner Kehle. Er begrüßt sie mit Stolz geschwellter Brust: *Raven aus dem Rabenland werde ich genannt*!
Ein Flügel berührt sanft ihr pechschwarzes Federkleid. Doch sie bleibt regungslos. Ganz stumm. Sein etwas magischer Blick durchbohrt diese Augen der Nacht. Nichts zittert, blinzelt, zuckt!
Kann sie mich nicht sehen, nicht hören?, rätselt Raven. *Sie muss doch etwas von meiner Liebe spüren.*
Dann hämmert er intensiv auf einer Steinplatte herum, hält kurz inne und wartet auf ein kleinstes Zeichen: auf ihr Signal!
Nichts davon zu sehen, nur brüchige Stille.
Jetzt weiß Raven, dass sie auch morgen, übermorgen, für immer hier leblos stehen wird. Eine Künstlerhand hat sie wohl erschaffen, ewiges Leben ihr geschenkt.
Ein steinhartes.
Weise Gedanken durchzucken ihn, er versteht, wie hilflos ihr Dasein ist, und weiß, dass er täglich bei ihr sein wird. Und er ist sich sicher, dass er aus dem Blau seiner Tage ihr viele, viele Lichtstrahlen mitbringen wird.

Sein *kra...krijäh...ra* Krächzen hört sich jetzt lichthell an. Raven hat sein Herz verloren!
Ein starkes Flügelschwingen, als müsse er sich einen tiefen Dorn entfernen. Dann kurzer Abflug mit fliegendem Blick über Schrebergärten. Auf der Suche nach einem Geschenk für sie.
Da springt ein leuchtendes Rot ihm ins Auge: eine rote Rose! Und schon gabelt der Schnabel sie auf.
Sekundenschnell ist er wieder bei ihr und legt die Rosenblüte ihr zu Füßen.
Das Rabenherz geht auf: tänzelt, ächzt und kräht. Süßes Balzen! Raven sieht sie an, sieht tiefer und erfühlt inmitten etwas Steinweiches: ihr Herz!
Es schweigt. Er weiß Bescheid, wie alles stumm in sich ruht. *Ich komme wieder! kra....ra....kra...*und schwingt sich hoch in die Baumkrone.
Diesen Überblick sucht er, jede kleinste Bewegung hält er fest. Seine Gedanken verlieren sich irgendwo zwischen Sand und Kieselsteinen.
Eine Steinwüste ist oftmals das Leben, seufzt er. Der Himmel schweigt.
Aber Raven schreit sich aus. Lange, bis sein scharfer Blick etwas Glitzerndes im Gras erspäht. Eine Glasperle!, jubelt das Rabenherz. Wieder ein Mitbringsel für sie!
Noch bevor die Nacht alles umhüllt, fliegt er nochmals zu ihr. *Das feine Leuchten der Perle soll sie jetzt schon sehen!*
Die Glasperle platziert er neben die Rosenblüte. Als kleinen Talisman!
Noch lange weilt Raven so lieberfüllt neben ihr, bis alle Sterne glühen.
Seiner etwas rauchigen Stimme entsteigen ungewohnte Töne, mehr und mehr ein *Lied ohne Worte*. Komponiert für sie!
Zwei Silhouetten luftumschlungen, die sich kaum mehr gegen den Nachthimmel abheben, öffnen dir den Blick: herzzerreissendhungerschön
auch der Himmel tief in mir!

Schneenacht
von Betti Fichtl

Tanzende Schneeflocken
In den
Dämmernden Morgen
Im Eiswind.

Verzaubern
Die Stille
Im weißsilbernen Schimmer
Niedergelassen
Und ausgetanzt.

Noch unberührt
Vom Stakkato
Des Tages.

Was für Typen und sogar mit Flügeln

Die ganz andere Weihnachtsgeschichte

von Bruna Häcker

In einer sehr großen Stadt, in der Moloch, lauschige Ecken, Parks und eine Vielfalt von Straßenzügen, mit Dreck, Abschaum, bizarrem Reichtum, unterschiedlichsten Kulturen, dicht nebeneinander existieren, gibt es zwei junge Leute, die sich mögen. Er heißt Kevin, sie Olga, deren Vater ein Farbiger war. Sie lieben sich gegen den Widerstand der allein erziehenden Mutter von Olga. Die Mutter hat schon so viel erlebt und ihre fünf Kinder nur mühsam mit Hilfe von Tafelläden und Harz IV ins Leben geschickt. Der Vater von Kevin ist Alkoholiker und immer dann verständnisvoll, wenn er nüchtern ist. Er arbeitet in einem Minijob, ergänzt durch die staatliche Stütze. Eine Mutter gab es einmal, aber sie ist früh mit dem zweiten Kind auf dem Arm verschwunden. Kevin lebt nicht gerne bei seinem Vater, weil dessen Verwahrlosung und seine Rauschszenen seinen Alltag immer wieder neu erschüttern. Kevin hat bisher keine Lehre durchhalten können und ist Erbe der Staatsversorgung. Ein großes Glück ist, dass er nicht kifft und nichts mit dem Gettowahn in Häuserbanden aktiv im Schlägertrupp gegen Ausländer und Schwule zu tun hat. Das hat er nicht zuletzt Morbus, dem Punktyp-Sozialarbeiter, zu verdanken. Der ist absolut cool, nicht laut und hat in schwierigsten Stunden zu ihm gehalten. Das vergisst Kevin nicht. Olga ist seine Liebe. Arm, mit peinlichen Erinnerungen und einem warmen Herz.

Sie nimmt ihn, wie er ist. Fragt nicht viel und findet sein mildes Wesen für sich tröstlich. Mit ihm kommt Licht in ihr Leben. Kevin hat Olga Morbus vorgestellt. Sein breites Grinsen macht Kevin glücklich. Morbus mag Kevins Freundin. Olga mag ihren Freund nicht der Mutter vorstellen. Sie hat Angst vor der Unberechenbarkeit dieser Frau. Das junge Liebespaar trifft sich gerne unter der breiten Brücke, die den schmutzig braunen Fluss überspannt und die sie sich mit

Wohnsitzlosen teilen. Da sitzt eine vor ihrem blauen Zelt und behauptet, sie habe einmal bei Armani gearbeitet. Armani wer, was ist das? Fabien heißt sie. Sie nennen sie Armani. Aus ihrem verlebten Gesicht schauen lebendige blaue Augen, wenn sie nicht angetrunken ist. Sie teilt alles, selbst die wenigen Euros, wenn Kevin und Olga kein Geld für die Buskarte haben. Eines Tages erzählt Olga Kevin auf einer Uferböschung ihr Geheimnis. Kevin erblasst und ist sprachlos. Olga ist schwanger. Wie soll er das seinem Vater sagen? Da kommt Armani angeschlurft, müde aber gut drauf.

„Na ihr beiden, Kummer?“

„Ja“, murmelt Kevin leise.

„Setz dich zu uns“, bittet Olga sie.

„Gerne.“ Mühevoll schiebt sie ihre Einkaufskarre zur Seite und setzt sich zu den jungen Leuten. „Kinders, kriegt ihr was Kleines?“

„Ja“, sagen beide unisono.

„Da geht die Welt nicht unter, das ist doch wunderbar, ein neues Menschenkind, freut euch.“

„Freuen?“ Die beiden schauen sich an.

„Kevin, frag Morbus um Rat, du hast so viel Gutes von ihm erzählt“, rät Armani.

„Wie sollen wir das unseren Oldies sagen?“, fragt Olga unsicher.

Armani fädelt an einem lockeren Hilfsprogramm für die beiden, obwohl sie für sich nicht wirklich sorgen kann. „Wisst ihr, Martha, die Putze mit dem Sprachfehler, arbeitet bei ganz Reichen, die bringt mir immer wieder Klamotten vorbei, weil ihre Taille im Weg ist und die ihr nicht passen. Die kann man auch fragen, wenn es andere Probleme gibt.“

„Wir kennen die ja gar nicht“, wirft Olga ein.

„Macht nichts, ich kenne sie und das genügt.“

Am Abend wirft Olgas Mutter nicht nur Teller an die Wand, sondern jagt ihre Tochter aus der Wohnung. Sie hält die Wiederholung ihrer eigenen vielfach erlebten Situation nicht aus.

Olga läuft zur Brücke. Armani ist nicht da. Dafür sitzt da ein Mann, ganz normal gekleidet und dirigiert in die Dunkelheit. „Hey Mädchen, ist was?“, fragt er sie. „Hast du Sorgen?“, hakt er nach. „Ich bin Herold, komm setz dich zu mir.“
„Ich bin Olga, schwanger und gerade von zuhause rausgeflogen“, sagt sie weinerlich.
„Ach du liebe Lotte“, antwortet Herold.
Olga muss lachen. Das ist ein cooler Typ, denkt sie. „Wohnst du auch in unserer Stadt“? fragt sie ihn.
„Na klar, im Hotel. Hast du schon ein Bett für heute Nacht?“, fragt er.
„Ne“, sagt sie bedrückt.
„Ich komme viel herum und kenne viele Leute. Ich ruf mal einen an, der kann mir sicher einen Tipp geben“, antwortet er.
„Das machst du echt?“, fragt sie erstaunt.
Nach dem Telefonat sagt er zu Olga: „Du kommst für eine Nacht in einem Wohnheim unter. Ich bring dich hin.“ Auf der Fahrt dahin summt er Opernarien. Olga ist sprachlos.
Wie sie im fremden Bett liegt, geht auch ihre Angst schlafen.
Kevin erlebt nach seiner Mitteilung die Hölle beim Vater. Er wirft ihn nicht raus, aber die Beschimpfungen bohren sich wie Pfeile in sein junges Herz. Morbus ist seine einzige Stütze, oder Armani, wenn er sie sieht.
Durch unglaublich viel Glück kann Olga in ein Mutter-Kind-Heim aufgenommen werden. Langsam freut sie sich auf das Leben, das in ihr wächst. Martha hat schon sehr viel für sie getan. Der Rest geht dann auf Staatskosten. Herold hat sich schon telefonisch nach Olga erkundigt. Außerdem hat Kevin durch Zufall einen Praktikumsplatz in einem Autohaus bekommen.
Es weihnachtet. Lichterglanz. Warten auf ein Kind. Armani ist in ein Obdachlosenheim gezogen. Kevin ist so oft er kann bei Olga oder geht zum Nachdenken unter die Brücke. Da schellt sein Handy. Olga hat überraschend schnell ein Mädchen geboren. Seine Hände zittern, er wollte doch dabei sein. Kevin läuft in die Klinik und sieht seine Olga und dieses

wundervolle kleine Wesen in ihrem Arm. Jetzt ist er Vater. Die Tränen laufen über sein Gesicht. Olga wischt sie weg und fragt: „Warum weinst du, es ist doch alles gut."
Am nächsten Tag, Kevin hat einen Rosenstrauß für seine Olga geholt, tritt er in das Zimmer Olgas ein und traut seinen Augen nicht. Morbus, Armani und Martha stehen neben dem Bett von Olga und betrachten das kleine Mädchen. Es ist so eine friedliche Stimmung und man hört das Glück atmen. Morbus, der seinen Laptop mit hat, erhält einen Skype Anruf von Herold. Er will die Kleine sehen und fragt: „Wie heißt sie?"
Alle schauen sich an. Olga zuckt die Schultern und fragt Herold: „Wie würdest du sie nennen?"
„Eigentlich suchen die Eltern des Kindes den Namen aus."
„Wir freuen uns, wenn du uns einen vorschlägst", bittet Kevin den Dirigenten.
„Mir gefällt Christine-Marie gut." Kevin und Olga nicken. „Eben ist eine besondere Zeit und bald ist Weihnachten. Ich darf ein großes Konzert dirigieren. Dieses Konzert widme ich Christine-Marie und euch ihr Lieben. **Sind wir nicht Alle irgendwie ein bisschen Engel**?", fragt er in die Runde.
Gerührt stehen sie da und freuen sich so sehr über diesen Moment der Wertschätzung und Achtung, bis Christine-Marie sich laut einmischt und eine neue Windel braucht.

Winterzeit
von Maria Edith Ropeter

Wenn es weiße Flöckchen schneit,
beginnt die die frohe Weihnachtszeit.
Um liebe Menschen zu erfreuen,
kaufen wir Geschenke ein.

Der Trubel in der Stadt ist groß,
wer wünscht sich diesen Rummel bloß?
Nun Plätzchen backen, Post versenden,
Liebesgaben wohl bedenken.

Wer sich am meisten freut am Winter
sind die lieben kleinen Kinder.
Sie bauen sich aus Schnee ein Haus
und toben sich von Herzen aus.

Der Weihnachtsmarkt bietet Glühwein an,
den trinkt sogar der Weihnachtsmann.
Bratwurstduft liegt in der Luft,
Pfefferkuchen-, Tannen- und Mandelduft.

Manch' Wintertag bringt Sonnenschein,
woran auch Ältere sich erfreuen.
Dann kommt der letzte Tag im Jahr,
man tanzt und feiert, ruft: Hurra!

Es perlt der Sekt. Die Welt ist heiter.
Nach Neujahr geht das Leben weiter!
Vielleicht beschert der Himmel Schnee
für Eissportspaß auf unserem See.

Die Winterwochen gehen vorbei.
Die Autostraßen werden frei.
Der Winter muss von dannen ziehen;

wenn der Frühling kommt,
wird es hell und grün.

Ade, du traute Weihnachtszeit,
schon steht der Osterhase bereit,
man kann entzückt in jedem Laden
im Februar Ostereier haben.

Die kleine Schneeflocke

von Dieter Gabel

Hoch oben am Himmel segelte eine große, weiße Wolke gemächlich in die Richtung einer großen Stadt. Und in dieser großen Wolke wohnten viele kleine Schneeflocken. Die Schneeflocken schauten aus der großen Wolke auf die Stadt, die unter ihnen lag und sahen die hell erleuchtete und festlich geschmückte Stadt im Lichterglanz. Und welch schöne Sachen lagen da in all den vielen Schaufenstern, und wie duftete es aus all den vielen Bäckereien nach oben bis zur Wolke. Die vielen kleinen Schneeflocken in der großen Wolke wurden ganz unruhig und neugierig zu gleich.

Da sagte die kleinste Schneeflocke unter ihnen: „Ich bin so neugierig auf all das Schöne da unten. Ich segel jetzt darunter und schaue mir all das Schöne an.“ Eh sich die anderen Schneeflocken versahen, sprang unsere kleine weiße Schneeflocke aus der Wolke und ließ sich ganz langsam in Richtung Stadt fallen und landete ganz sanft auf einem Fußweg. Aber oh je, gerade dass sie auf dem Fußweg gelandet war, kam ein riesengroßer Schuh und trat der kleinen Schneeflocke auf den Kopf. Die arme kleine Schneeflocke wurde ganz platt gedrückt. Kaum war der riesengroße Schuh wieder weg, kam ein dicker alter Mann und schimpfte über all die vielen Schneeflocken, die da auf dem Gehweg lagen und dass sie ihm im Wege waren und ihn beim Laufen störten. Und schon nahm der dicke Mann einen großen Schneebesen und schob all die kleinen Schneeflocken und unsere kleine Schneeflocke auch mit großem Schwung in den Rinnstein.

Kaum hatte sich die kleine Schneeflocke von dem Schreck erholt, da kam ein großes Auto mit ganz großen, breiten Reifen und fuhr der keinen Schneeflocke fast über den Kopf, und dabei wurde die kleine Schneeflocke wieder auf den Fußweg geworfen. Das schöne weiße Kleid der Schneeflocke war schon ganz schmutzig. Dabei hatte sie sich doch so schön gemacht und wollte nur spazierengehen und all die schönen

Sachen ansehen, die da in all den vielen Schaufenstern lagen. Als die kleine Schneeflocke so auf dem Gehweg lag und überlegte, was sie jetzt so tun wollte, kam schon wieder der dicke alte Mann mit einer großen Tüte in der Hand, die voll mit Salz war, und streute der kleinen Schneeflocke das Salz auf den Kopf. Oh, wie das brannte und juckte am ganzen Körper. In ihrer Not lief die kleine Schneeflocke wieder in den Rinnstein, aber dort floss eine dicke graue Brühe aus altem schmutzigem Wasser und Salz und Sandgemisch. Da fiel die kleine Schneeflocke hinein und wurde von dem schmutzigen Wasser mitgerissen. Bevor sich die kleine Schneeflocke versah, fiel sie in ein großes schwarzes Loch, einen Gully, und von dort wurde sie in ein großes Rohr gespült. Da drinnen war es ganz kalt und dunkel. Das ganze Rohr war gefüllt mit kaltem, schmutzigem Wasser und in diesem kalten schmutzigen Wasser musste unsre kleine Schneeflocke durch das dunkle Rohr schwimmen. Ihr war richtig ängstlich zu mute und das schöne weiße Schneekleid war jetzt ganz schmutzig und nass und total kaputt. Sie war richtig traurig darüber. Wo sie doch nur die lieben Menschen auf der Erde und all die schönen Sachen in den Schaufenstern sehen wollte.
Lange musste unsere kleine Schneeflocke durch das dunkle Rohr schwimmen, bis sie endlich wieder Licht sah. Am Ende des Rohres floss das schmutzige Wasser in einem dicken Strahl aus dem Rohr heraus und ergoss sich in einen großen Fluss. Die kleine Schneeflocke wurde mitgerissen und bis in die Mitte des großen Flusses geschoben. Dabei war sie mehr unter Wasser als oben auf dem Wasser. Als das Wasser endlich ruhiger wurde und die kleine Schneeflocke endlich wieder auf der Wasseroberfläche schwamm, kam auch schon der nächste Schreck. Oh je, ein großes riesiges Schiff kam auf die kleine Schneeflocke zugefahren und fuhr ihr einfach über den Kopf und drückte sie wieder ganz tief unter Wasser und am Ende des großen Schiffes war ein großer Propeller angebaut, der das Schiff über das Wasser schob und der wirbelte das ganze Wasser unter dem Schiff durcheinander. Und in diesen

Wasserwirbel geriet unsere Schneeflocke.
Oh je, was wurde sie hin und her gewirbelt, ihr war schon ganz schwindelig, als endlich das Schiff vorüber war und das Wasser wieder ruhiger wurde. Aber die kleine Schneeflocke hatte noch immer nicht ihre Ruhe. Überall an den Ufern rechts und links standen Fabriken und große Werke und die ließen ihr schmutziges Wasser, das überall im Werk entstand, einfach in den Fluss laufen.
Das schmutzige Wasser aus den Werken roch so schlecht, dass der kleinen Schneeflocke ganz übel wurde und sie kaum atmen konnte. Und wie das schmutzige Wasser ätzte und am ganzen Körper der kleinen Schneeflocke juckte. Endlich, nach einer langen Reise in dem schmutzigen Fluss, kam die kleine Schneeflocke aus dem großen Strom in das Meer und sie freute sich, dass sie den Abenteuer-Besuch auf der Erde doch noch gut überstanden hatte.
Aber auch im Meer war es nicht so schön, wie sie sich es vorgestellt hatte. Das Wasser war so salzig, dass unsere Schneeflocke richtig Angst bekam, aufgelöst zu werden, aber sie konnte ja nicht aus dem Wasser kommen und weglaufen, wie auf dem Fußweg. Als sie all ihre Hilflosigkeit sah, fing die Schneeflocke bitter an zu weinen und sie wünschte sich, wieder auf der großen Wolke zu sein, bei all den anderen Schneeflocken, wo es doch viel schöner war.
Das Weinen hörte der Wind, ein großer weiser, alter Mann, und er kam heran und fragte: „Warum, kleine Schneeflocke, weinst du so bitterlich?“ Und die kleine Schneeflocke erzählte dem Wind ihre Geschichte, von dem dicken Mann, dem Auto, von dem langen dunklen Rohr und dem großen Schiff, von dem sie überfahren wurde und von all den schlechten Sachen auf der Erde und dass es da gar nicht so schön ist, wie es von oben aussieht und dass sie doch wieder auf ihre große gemütliche Wolke möchte, aber es allein nicht schaffen würde.
Aufzusteigender Wind, der weise, alte Mann, hatte ihr zugehört und erzählte ihr aus seinem Leben, dass er viel zu tun hätte. Denn er müsste all die vielen Wolken am Himmel

weiterpusten und wenn es regnet, muss er die Erde wieder trocken pusten, damit die Menschen nicht ertrinken in dem vielen Wasser, das vom Himmel fällt und dass es gar nicht so schlecht auf der Erde ist.

Aber er erzählte ihr auch, dass die Erde auch kein Platz für so eine kleine zarte Schneeflocke sei. Und dabei nahm er die kleine Schneeflocke bei der Hand und hob sie ganz behutsam aus dem

Wasser und trug sie zum Himmel hinauf, immer höher und höher bis zu der Wolke, von der sie gekommen war. Dort setzte er die kleine Schneeflocke behutsam ab und eilte davon, um wieder seine Arbeit zu tun.

Ach, wie sich die Schneeflocke freute und mit ihr all die anderen Schneeflocken, dass sie wieder auf der Wolke war. Sie reinigte sogleich ihr weißes Schneekleid. Als sie damit fertig war, kuschelte sie sich tief in die Wolke ein und schlief zufrieden und glücklich, während die große Wolke gemächlich ihre Reise mit ihrer glücklichen Fracht fortsetzte.

Silvester
von Christian Engelken

Mach hinter dieses Jahr
ein großes Kreuz
(vielleicht auch drei) -
in jedem Fall
mach einen Haken dran,
so dass mit Schwung
das nächste kommen kann!

Dann klopf auf Holz
(dreimal ist Brauch)
und triff die Wahl
und geh beschwingt voran
und mach dein Kreuzchen dort,
wo 's weitergeht,
und kreuz das neue an!-

Autorenporträts

Anita Angheloiu, geb. 1971 in Ostercappeln, nach Fachhochschulreife als Erzieherin tätig, Lektoratstätigkeit in der ev. luth. Kirche, schreibt seit ihrer Schulzeit Lyrik und Prosa.

Gabriele Böhning, lebt in Hofheim a. Ts., journalistische Tätigkeit über das kulturelle Leben ihres Heimatortes, 1995 erste Buchveröffentlichung, danach mehrere Bücher und Beteiligungen an Anthologien.

Udo Dickenberger, geb. im oberhessischen Ilbenstadt, Promotion in Stuttgart mit einer Arbeit über die Poesie von steinalten poetischen Grabinschriften, Aufsätze u. Geschichten in gelehrten Jahrbüchern.

Renate Düpmann, geb. 1953, aufgewachsen in der Lüneburger Heide, lebt an der hessischen Bergstraße, viele Jahre als Kunsterzieherin im Schuldienst, schreibt Lyrik, div. Veröffentl. in Anthologien.

Christian Engelken, goren in Hannover, Studium der Germanistik, Musikwissenschaft und Philosophie in Göttingen und Hamburg, Berufserfahrung im Verlagswesen, diverse Veröffentlichungen

Betti Fichtl, im Ruhestand, regelmäßige Veröffentlichungen in Anthologien im In- und Ausland, Gedichte in 6 Sprachen übersetzt, 3 Lyrikpreise, eigene Kinderbuchreihe, Mundartbücher, Lesungen

Klaus Gabel, geb. 1941, lebt in Bremen, fuhr bis zu seinem 45. Lebensjahr Taxi, seine Erlebnisse in dieser Zeit schrieb er in seinem Buch „Hallo Taxi - Vom Puff zur Kneipe“ im EPLA-Verlag nieder

Annette Glanzer-Fischer, Magistra, geb. in Villach/Österreich, arbeitet seit Abschluss ihres Germanistik- und Anglistikstudiums am Abendgymnasium Wien, leidenschaftliche Malerein und Poetin.

Dr. Ines Graudenz, Diplom Psychologin, Gesprächstherapeutin, langjährige wissenschaftliche Mitarbeit in einem Forschungsinstitut, zahlreiche Veröffentlichungen im Bereich Pädagogische Psychologie.

Cornelia Gutzeit, geb. 1959 in Flensburg, Industriekauffrau und ehemalige BW-Angestellte, heute freiberufliche Autorin, schreibt seit 1994 Lyrik, Aphorismen, Prosa und Sachtexte, div. Veröffentl.

Bruna Häcker, geb. 1948, schreibt Kindergeschichten und heiter, ironische Betrachtungen aus dem Alltag für Erwachsene, diverse Veröffentlichungen in Anthologien, Kinderbuch „Der kleine Gerson“

Brigitte Hundt, geb. 1946, aufgewachsen in Wesrfalen, lebt in Schleswig-Holstein, war Verwaltungsangestellte und Beamtin, reist gerne, macht Sport und sammelt Mineralien, schrieb einen Roman

Dorothee Karguth geb. 1932 in Köln, lebt in Göttingen, war Kinder- und Säuglingsschwester in Wiesbaden, schreibt Gedichte und Prosa, Veröffentl.. in verschiedenen Anthologien, Literaturkreis Geismar

Torsten Krippner, geb. 1968 in Köthen, studierte an der Martin-Luther-Universität Geschichte und Germanistik, Redakteur, seit 2001 pädagogischer Mitarbeiter in einer Jugendhilfeeinrichtung, div.Veröffl.

Dr. Werner Petrenz, geb. 1920, Röntgenologe i.R.,1947-55 freier Mitarbeiter beim SWF und BR als Autor für Kabarett, Schulfunk u. Hörspiel, seit 1987 in 8 Zeitungen, über 300 Veröffentlichungen

Erwin Plachetka, geb. 1948 in Delmenhorst, schreibt Gedichte, Songtexte, Kurzprosa, Romane, Veröffentlichungen in verschiedenen Verlagen und im EPLA-Verlag, den er 1985gründete

Maria Edith Ropeter, geb. 1935 in Leipzig, lebt in Göttingen, schreibt Prosa, Gedichte und Reiseerzählungen, Veröffentlichung in Anthologien, Mitglied des Literaturkreises Geismar, 2 Bücher

Dr. phil. Werner Seibel, geb. 1946, wohnt in Gudensberg, freier Schriftsteller und Musiker, zahlreiche Veröffentlichungen in Anthologien, einige Lyrikbücher, Lyrikpreis Silberne Feder der IgdA

Sieglinde Seiler, geb. 1950 in Wolframs-Eschenbach, Dipl.-Verwaltungswirt (FH), Veröffentlichungen in verschiedenen Anthologien und 207 Gedichte im Internet unter www.feiertagsgedichte.de

Gerda Steger, Worms, geb.1947 in Temeswar (Banat), Germanistik Studium, Deutschlehrer, Publikationen: zwei Gedichtbände: Lebenssteine, Lichtklangkaskaden; diverse Veröffentlichungen

Sonja Stokowy-Deutsch, geb. 1937, lebt in Berlin, arbeitet als Synchronschauspielerin, Veröffentlichungen in diversen Anthologien, u.a. Auch im EPLA-Verlag, ein Märchen im Fernsehen

Wolfgang Strauß, geb. 1947 in Delmenhorst, lebt in Hude bei Oldenburg, im EPLA-Verlag erschien von ihm das Buch "Was denken Aliens über die Menschen"

Heike van den Bergh, seit 1987 in Bonn, Studienjahr 1988-1989 in Tokyo, Fremdsprachendozentin, Studium der Japanologie, Ethn., Romanistik, DaF, sie schreibt Gedichte und Kurzprosa in Englisch, Französisch, Spanisch und Japanisch (Haiku).

Susanne Voigt, geb. 1963, nach Abitur Studium für das Lehramt, Ausbildung zur Lehrerin, Arbeit im Schuldienst, Veröffentlichun-gen seit 1988 in Anthologien und Literaturzeitschriften, Theaterstücke

Margrit Wagner, geb. 1941 in Potsdam, war tätig als Diplomwirtschaftlerin und nach der „Wende" als Sozialberaterin, sie schreibt Kurzgeschichten über zwischenmenschliche Beziehungen.

Wolfgang A. Windecker, geb. 1949 in Frankfurt/M., lebt in Alfeld/ Leine als Diplom-Handelslehrer, er hat 3 Romane, 2 Gedichtbände und 2 Erzählbände veröffentlicht, Teilnahme an über 90 Anthologien.

Annette Wübbel, geb. 1950 in Bochum, Studium in Münster, Realschullehrerin in Niedersachsen, jetzt Autorin der "Antonius-Trilogie" sowie Romane "Der Archtikt meines Lebens" u. "Fräulein Studentin"

Peter Zacharias, geboren 1940 in Berlin, Seemann, buddhistischer Mönch in Sri Lanka, Maler, hatte mehrere Ausstellungen als Maler im In- und Ausland.

EPLA-Verlag
Am Teich 9
27777 Ganderkesee
tel.: 04221/850143
E-Mail: EPLA.Plachetka@t-online.de
www.epla-verlag.de
Internet-Buchladen:
www.epla-verlags-buchladen.de